Saskia Brixner

Gesundheit und Fitneß für Katzen

Kosmos

Inhalt

Ausgiebige Fellpflege hält den kostbaren Pelz in Ordnung und dient gleichzeitig der Entspannung.

Spielend trainiert eine Katze ihre motorischen Fähigkeiten – lauern, anspringen, Beute fangen.

Erst toben, dann schmusen

**Spielen hält fit und
macht Spaß.**

"Gott schuf die Katze, damit der Mensch einen Tiger zum Streicheln hat." Victor Hugo

Wundersame Wandlung

Vom Raubtier zum Stubentiger

Katzen können mit der Unterstützung des Menschen „steinalt" werden und dabei topfit bleiben. Doch auch bei ihnen können sich Jugendsünden im Alter rächen.

EIN SORGLOSES KATZENLEBEN

Das wohlbehütete Leben an der Seite des Menschen hat aus dem Raubtier Katze ganz allmählich einen Stubentiger werden lassen. Nach Meinung der Verhaltensforscher wurde dadurch viel Druck von ihnen genommen.
Statt sich ständig mit stressigen Dingen wie Beutefang, Fortpflanzung oder Feindesabwehr beschäftigen zu müssen, haben sie mehr

5

Katzenkinder lernen ihre Umwelt voller Neugier kennen.

Zeit für die angenehmen Dinge des Lebens wie Herumstreunen, Schlafen, Spielen und Jagen „just for fun". Zum anderen aber haben sie dadurch viel von ihrer Freiheit eingebüßt und sind in ihrem Wohlergehen weitgehend von uns Menschen abhängig geworden.

Der lebenslange Spieltrieb ist das „Markenzeichen" der Katzen.

Mit etwas „Kätzisch" entstehen erst gar keine Probleme durch „Sprachschwierigkeiten".

Ihre große Flexibilität hilft ihnen immer wieder, sich schnell auf neue Gegebenheiten einzustellen. Wir vergessen dabei aber allzu leicht, daß auch diese Anpassungsfähigkeit Grenzen hat. Wird sie überschritten, kann dies zu körperlichen und seelischen Defekten und zu Störungen der Beziehung zwischen Mensch und Katze führen.

KOMMUNIKATIONS-PROBLEME

Die meisten Probleme im Zusammenleben von Zwei- und Vierbeiner entstehen durch Verhaltensweisen, die wir als unangenehm oder gar störend empfinden, während sie vom Standpunkt des Tieres aus vollkommen normal sind. Wir erwarten ganz selbstverständlich, daß Tiere in unserer Umwelt leben und sich unseren Umgangsformen und Tagesabläufen anpassen.

Durch ihre Anpassungsfähigkeit sind Katzen auch in der Lage, Verhältnisse, die ihnen gegen den Strich gehen, lange Zeit zu tolerieren. Unsere Ansprüche an ihre Flexibilität überschreiten aber bisweilen jedes für das Tier erträgliche Maß.

Übersieht man ihre kleinen „Pfotenzeige", werden sie deutlicher.

Überdruckventil

Intuitiv scheinen Katzen zu wissen, daß zuviel Streß auf Dauer krank macht – sie versuchen „Dampf abzulassen".

Oft äußert sich der aufgestaute Ärger dann in plötzlicher Unsauberkeit oder Aggressivität. Ändert sich also unerwartet das Verhalten Ihrer Katze, ohne daß dies gesundheitliche Ursachen hat, will sie Ihnen wahrscheinlich nur zeigen, daß ihr irgend etwas nicht paßt. Nehmen Sie solche Alarmsignale nicht auf die leichte Schulter, sondern forschen Sie nach der Ursache. Gelingt es Ihnen, sie abzustellen, ist die Welt für Katze und Mensch bald wieder in Ordnung.

GANZ ENTSPANNT

Im Gegensatz zu uns Zweibeinern leben Katzen ganz selbstverständlich. Sie machen sich keine Sorgen um Krankheit oder das Älterwerden und achten auf die Signale ihres Körpers. Kein anderes Wesen kann sich so perfekt entspannen wie sie. Wenn sie müde sind, legen sie ein kleines Nickerchen ein, wenn sie Hunger haben, nehmen sie

ein Häppchen zu sich, und wenn es zu stressig wird, laufen sie „eine Runde um den Block". Egal, ob sie langgestreckt daliegen oder sitzen, ihr Körper ist vollkommen gelöst. Haben sie lange genug abgeschaltet, strecken sie sich und sind im gleichen Moment zurück in der Wirklichkeit.

WOHLFÜHLEN IST GANZ EINFACH

Wenn Sie also wissen wollen, wie Ihre Katze denkt und was sie braucht, dann gehen Sie ein bißchen auf „Forschungsreise". Und je besser Sie das geheimnisvolle Wesen Ihrer Katze kennenlernen, desto mehr werden Sie beide zusammenwachsen. Mit ein bißchen Fürsorge kann Mieze problemlos 15, 20 oder sogar 30 Jahre alt werden.

Als ehemaliger „Kammerjäger" braucht sie eine auf ihre Bedürfnisse und ihr Alter abgestimmte Ernährung. Da die meisten Katzen ihr Futter nicht mehr selbst erjagen müssen, um satt zu werden, benötigen sie einen Ausgleich für fehlende Bewegung und entgangene Jagdfreuden. Auch Körperpflege und medizinische Vorsorge tragen zum Erhalt der körperlichen und seelischen Fitneß bei.

Zu guter Letzt leben Katzen natürlich nicht von der Luft allein und Liebe geht auch nicht nur durch den Magen, sie wollen sie mit allen ihren Sinnen spüren. Es ist aber gar nicht so schwierig, Katzen glücklich zu machen. Und Sie werden sehen, Ihre Katze wird Ihnen Ihre Fürsorge danken – mit noch mehr Liebe ein langes und gesundes Katzenleben lang.

Bewegung gehört zum Anti-Streß-Programm einer Katze unbedingt dazu.

Gesellige Katzen – zur Aufnahme und Festigung sozialer Kontakte gehören spezielle Rituale.

Knacken Sie den Code

„Kätzisch" für Zweibeiner

Katzen haben viele Mittel, uns auch ohne Worte klarzumachen, was sie wollen. Körperhaltung, Schwanzstellung, Mimik und nicht zuletzt ihre Stimme sprechen Bände – lernen Sie diese „Geheimsprache".

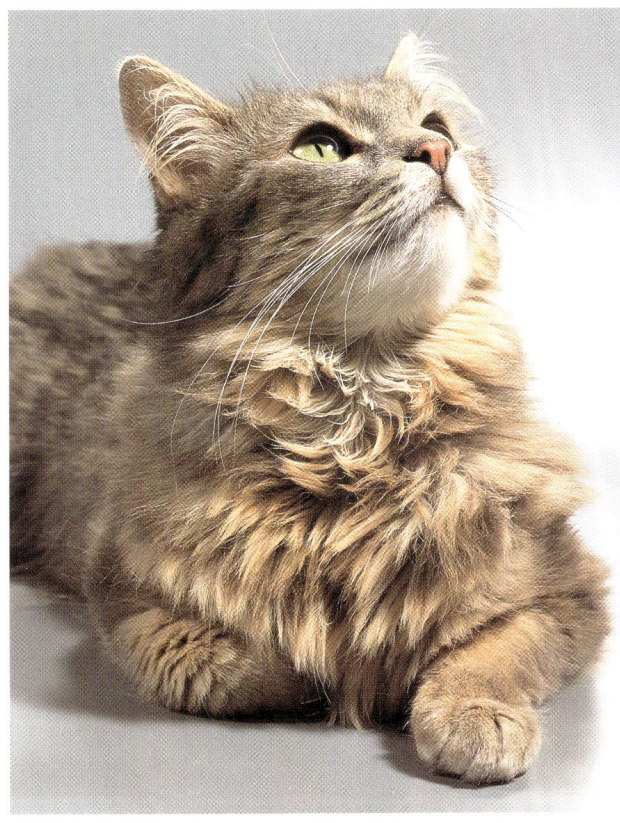

Sie beobachtet gelassen, aber neugierig.

treffen sie sich in der Nähe ihrer Reviere zum „geselligen Beisammensein". Zur Kontaktaufnahme, Unterdrückung und Vermeidung von Aggression und Festigung sozialer Bindungen haben sie dabei spezielle Verhaltensweisen wie „Umherschauen" und „Blinzeln", „Nasenzeremonie" und „Nasenbegrüßung", Markieren des Partners und soziale Fellpflege entwickelt. Einige dieser Rituale setzen sie auch bei der Kommunikation mit uns Zweibeinern ein, andere wiederum gelten ganz speziell nur uns. Sie zeigen uns damit, ob sie uns mögen, wie sie „drauf sind" oder was ihnen an ihren Lebensumständen nicht paßt. Während einige ihrer Hinweise von uns leicht zu verstehen sind, lösen andere Stirnrunzeln oder gar Schreikrämpfe aus – was für Katzen wiederum vollkommen

MITEINANDER KOMMUNIZIEREN

Lange Zeit galten Katzen als ungesellige Tiere, die sich nur zur Paarungszeit zusammenfinden. Neue Forschungen aber haben ein anderes Bild vom „Einzelgänger Katze" entworfen. Abends oder nachts

Aufmerksam und aktionsbereit.

Geschlossene Augen signalisieren Vertrauen.

Entspannte Aufmerksamkeit: Ohren nach vorn. **Beunruhigt oder verärgert: Ohren zur Seite.**

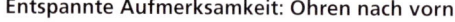

unverständlich ist. Denn umgekehrt registrieren Katzen nämlich auch die Art und Weise, wie wir mit ihnen reden. Sie achten auf unsere Gesten, die Lautstärke und die Tonhöhe unserer Stimme und ziehen ihre Schlüsse daraus.

Wenn wir also lernen, ihre Signale zu verstehen und ihre natürlichen Bedürfnisse zu akzeptieren, können wir Mißverständnisse vermeiden und das gemeinsame Zusammenleben so schön wie möglich gestalten.

WUNDERWELT DER SINNE

Wie bei uns Menschen, bilden auch bei Katzen Körper und Psyche eine Einheit. Ein Blick auf ihre anatomischen Besonderheiten kann uns daher auch einen Einblick in ihre Seele gewähren. Ihr vollendeter Körperbau ermöglicht Katzen höchste Körperbeherrschung. Von einem Moment zum anderen können sie von totaler Entspannung in vollkommene Aufmerksamkeit und Aktivität übergehen.

Katzenaugen

Auffälligstes Merkmal dieser geheimnisvollen Tiere sind wohl ihre riesengroßen, leicht schräg gestellten Augen. Sie sehen nicht nur wunderschön aus, Katzen sehen damit auch besonders gut. Sechsmal besser als wir Menschen, und zwar vor allem in die Ferne und bei Dunkelheit. Außerdem können sie mit ihren Augen hören. Das Sehzentrum empfängt nämlich über den Sehnerv vom Auge nicht nur Lichtreflexe, sondern auch Laute. Diese werden zu Hör-Bildern zusammengesetzt und gespeichert. Alle Hör-Bilder der gewohnten Umgebung, z. B. Kirchenglocken, Verkehrslärm, Fabriksirenen, haben Katzen im Gehirn abrufbereit. Wissenschaftler glauben, daß ein Zusammenspiel der Sinne Katzen in fremder Umgebung ihren Weg weist. Zum einen haben sie den heimischen Sonnenstand im Kopf und können aus dem veränderten Winkel an unbekannten Orten die Richtung „errechnen", zum anderen können sie sich bestimmte Hör-Bilder über Monate merken und diese wiedererkennen.

Lauschangriff

Aber auch mit ihren Ohren sind sie uns um „Wellenlängen" voraus. Jedes Ohr kann mit Hilfe von 27 Muskeln unabhängig vom anderen wie ein Radarschirm hin- und herbewegt werden. Und während bei uns bei rund 20.000 Hertz Funkstille herrscht, reicht ihr Hörvermögen bis mindestens 50.000 Hertz.

Wenn die Katze uns also schon beim Hereinkommen begrüßt, hat das ganz und gar nichts mit Übersinnlichem zu tun. Sie hat uns eben nur schon von weitem kommen hören. Auch ihre Samtpfoten sind besonders sensibel. Katzen spüren damit kleinste Vibrationen – vom Getrippel einer Maus bis zu den Vorzeichen eines Erdbebens.

GANZ AUGE UND OHR

Eben noch hat sie genüßlich geschnurrt, doch im nächsten Moment fährt die kleine Schmusekatze ihre Krallen aus und versetzt damit der streichelnden Hand einen schmerzhaften Hieb. Keine Sorge, Ihr Stubentiger ist nicht etwa dabei, zur wilden Raubkatze zu mutieren, Sie sollten nur das nächste Mal aufmerksamer sein. Denn die für uns manchmal hinterlistig wirkenden Attacken kommen fast nie ohne eine Vorwarnung. Wahrscheinlich haben Sie also einfach die kleinen Zeichen übersehen: ein sich veränderndes Schnurren, eine zuckende Schwanzspitze oder/und verengte Pupillen. In unserer Sprache heißt das soviel wie „Laß mich in Ruhe!".

Während manche Hinweise auch uns Fremdsprachlern sofort klar sind, brauchen wir für andere einfach ein bißchen Katzenverstand.

Warnungen

Eine Katze, die ihren sprichwörtlichen Katzenbuckel macht, ihre Ohren und Schnurrhaare zurückstellt, den Schwanz wie eine Flaschenbürste aufpludert und dabei faucht und knurrt, ist schwerlich mißzuverstehen: Gefahr in Verzug – jetzt ist es angebracht, einen Rückzieher zu machen. Doch manche Zeichen, die wir als freundlich deuten, meinen das Gegenteil.

Während das Schwanzwedeln beim Hund Ausdruck der Freude ist, kann es bei einer Katze Zeichen äußersten Mißfallens sein. Pendelt der Schwanz langsam

Der unverwandte Blick mit weit geöffneten Augen und gespitzten Ohren läßt Neugier erkennen.

Ein Katzenbuckel zeigt Angst und Abwehrbereitschaft.

telbar bevor. Ein eingezogener Schwanz signalisiert zweierlei: Angst, aber durchaus auch Abwehrbereitschaft.

Stimmungsbarometer

Eines der eindeutigsten Stimmungsbarometer aber ist das Gesicht, das eine Katze „aufsetzt". Vor allem Ohren und Augen sprechen Bände. Durch einen besonderen Mechanismus können Katzen ihre Pupillen nämlich willentlich gesteuert zu einem Spalt zusammenziehen. Mit einem „faltenlosen" Gesicht, breit gefächerten und nach vorn gerichteten Schnurrhaaren, weit geöffneten Augen und aufmerk-

hin und her, ist eine Katze unentschlossen und weiß nicht genau, welchem Impuls sie folgen soll – Angriff oder Verteidigung. Bewegt sie lediglich ihre Schwanzspitze nach links und rechts, ist sie verärgert. Jetzt ist Vorsicht angesagt. Peitscht sie mit dem Schwanz schnell und ruckartig hin und her und klatscht ihn dabei auch noch hörbar auf dem Boden auf, steht der Angriff unmit-

TIP: Kommt Ihnen Ihre Katze mit senkrecht hochgerichtetem Schwanz entgegen, ist sie gut gelaunt. Läuft sie dann schnurstracks an Ihnen vorbei, will sie, daß Sie hinterherkommen. Nicht selten führt der Weg direkt zum leeren Futternapf. ▬

Schwanzwedeln ist bei Katzen als Warnung zu verstehen.

sam nach vorn gerichteten Ohren zeigt sie sich freundlich interessiert. Dreht sie ein Ohr nach hinten, schlägt ihre Stimmung jedoch langsam in Beunruhigung oder Verärgerung um. Verengen sich die Augen schließlich zu Schlitzen, legt sie ihr Gesicht in Falten und die Ohren an und zieht fauchend die Lefzen zurück, ist dies ein deutliches Warnsignal an ihr Gegenüber, zu verschwinden. Gähnen wirkt bei Katzen übrigens zwar nicht so ansteckend wie bei uns Menschen, dient aber oft als freundliche Beruhigungs- oder Begrüßungsgeste.

Auch an der jeweiligen Körperhaltung können Sie sehen, ob Ihre Katze entspannt oder gestreßt ist. Steht sie in voller Größe da, demonstriert sie Selbstsicherheit bis hin zu angriffsbereiter Spannung. Ist sie jedoch unsicher oder sogar ängstlich, geht sie „in die Hocke". So wird sie z. B. eine fremde Umgebung erst mal aus dieser „Habachtstellung" begutachten – geduckt, mit dem Bauch fast am Boden.

Liegt eine Katze entspannt auf der Seite und hat alle Viere von sich gestreckt, fühlt sie sich wohl und will nicht gestört werden; ebensowenig, wenn sie es sich zusammengerollt auf einem

Das Junge schreit nach der Mutter. Ein kurzes, helles Miauen bei erwachsenen Katzen deutet auf Mißmut hin.

ihrer Lieblingsplätze bequem gemacht hat. Auch eine Katze, die aufrecht dasitzt und den Schwanz elegant um die eng beieinander stehenden Pfoten geschlungen hat, sollten Sie nicht stören.

Schmusekatzen

Rollt Mieze sich auf die Seite und „pfotelt" ein wenig, so ist das eine Aufforderung zum Spiel. Streicht sie jedoch zärtlich um Ihre Beine, gibt Köpfchen oder streckt

sich gar auf den Hinterpfoten stehend mit ihrem Kopf Ihrer Hand entgegen, ist sie anlehnungsbedürftig und will gestreichelt werden. Eine mitunter etwas schmerzhafte Liebeserklärung an Sie ist es, wenn sich Ihre Katze auf Ihren Schoß setzt, schnurrt und mit den Vorderpfoten und rhythmisch aus- und einfahrenden Krallen auf der Stelle „trampelt". Dieses „Treteln" ist ein Verhaltensrest aus der Katzenkindheit, eine Bewegung,

„Pfotengreiflichkeiten" zwischen Hund und Katz' – hier rein freundschaftlich.

mit der Kätzchen die Zitzen ihrer Mutter zur Milchproduktion anregen. Heute zeigt Ihre Katze Ihnen damit, daß sie sich bei Ihnen „wie bei Muttern" fühlt.

GANZ SCHÖN GESPRÄCHIG

Während Katzen untereinander ausgesprochen „maulfaul" sind und mit einem sehr geringen Sprachschatz auskommen, sind sie uns Menschen gegenüber mitunter richtige Plaudertaschen. Zwar geht ihrer verbalen Äußerung eine ganze Reihe sprechender Blicke voraus, doch sie haben ganz offenbar gelernt, daß man bei Zweibeinern mit Reden mehr erreicht als nur mit Blicken. Und deshalb schieben sie wie zur Bekräftigung schnell noch ein „Miau", „Miii" oder „Määä" hinterher.

Das Repertoire

Wie die zweijährige Forschungsstudie des Ethologen Jean-Luc Renck und des Linguisten Serge Rubi in der Schweiz ergab, stehen Katzen sage und schreibe 16 verschiedene Laute beim „Sprechen" zur Verfügung. Miauen, Schnurren, Fauchen, Klagen und eine ganze Tonleiter von Schreien, die an menschlichen Ohren allerdings ungehört vorbeiziehen, weil sie im Ultraschallbereich liegen.

Mit sanften, schnurrenden und gurrenden Lauten plaudern Katzen mit ihrem Besitzer, umwerben Kater eine rollige Katze und sprechen Katzenmütter mit ihren Kindern (Plauderlaute). Mit Miauen hingegen sucht die Mutter ihre

Kinder oder ruft die Kätzin sehnsuchtsvoll nach einem Kater (Ruflaute). Und dann gibt es noch Angriffslaute wie Knurren und Grollen oder Abwehrsignale wie Fauchen oder durchdringendes Gekreisch beim Kampf zwischen Rivalen (Erregungslaute).
Relativ viel unterhalten sich Katzenmütter mit ihren Kindern.

TIP: Laute spielen bei der Entwicklung des Beutefangs eine große Rolle. Bringt eine Katze ihren heranwachsenden Jungen lebende Beutetiere mit, stößt sie dabei unterschiedliche Locklaute aus, je nachdem, ob es sich um ein kleines, harmloses Beutetier wie eine Maus oder um ein größeres und gefährlicheres wie eine Ratte handelt.

Unmißverständlich

Die meisten Katzen haben einen für sie typischen Erkennungs- und Begrüßungslaut. Er ist kurz und einsilbig, in der Tonlage von Katze zu Katze verschieden und klingt wie „Mi" oder manchmal auch wie „Mä". Nicht selten beantworten unsere Stubentiger unseren Suchruf „Wo bist du denn?" ebenfalls mit diesem Laut. Sehr viel eindringlicher melden Katzen mit ihrem Miau an, wenn sie z. B. vor einer verschlossenen Tür sitzen und nach draußen wollen. Wundern Sie sich nicht, wenn die kleine Nervensäge dann nach fünf Minuten schon wieder hereingelassen werden will und ihrer Forderung mit einem langgezogenen und eindringlichen, mitunter sogar ziemlich kläglichen Ton Nachdruck verleiht. Katzen

hassen nämlich Türen, weil sie ihre Patrouillengänge durchs Revier blockieren. Für Menschen ist dieses Rein und Raus manchmal schwierig zu verstehen: Die Katze wollte einfach nur mal einen kurzen, informativen Rundgang durch ihr Reich machen.
Ebenso eindeutig melden sich Katzen, wenn sie Hunger haben. Dann wird ihr Miau laut und fordernd. Und wehe, Sie sind nicht gleich bereit, den Napf zu füllen. Dann steigert sich die langgezogene Tonfolge fast ins Unerträgliche.
Besonders prägnant sind auch die Schnattertöne, die eine Katze ausstößt, wenn sie ein schwer erreichbares Beutetier erspäht. Diese heftigen Stakkatolaute geben selbst Wohnungskatzen von

Vom Spielen erschöpft, legt sie ein kleines Nickerchen ein.

sich, wenn sie irgendwo eine Fliege sehen oder auf dem Fensterbrett das Vogelkino betrachten.

Das Höchste der Gefühle

Für den Menschen hingegen Ausdruck höchster Glückseligkeit ist das Schnurren seiner Katze. Warum und wie Katzen schnurren, ist Wissenschaftlern allerdings noch ein Rätsel. Ziemlich sicher wollen sie anderen aber damit mitteilen, wie es ihnen geht.

Schon im Alter von wenigen Tagen schnurren kleine Kätzchen, nämlich dann, wenn sie saugen. So weiß die Mutterkatze, daß alles in Ordnung ist, und zeigt durch ihr eigenes Schnurren, daß sie sich in entspannter, freundlicher Stimmung befindet.

TIP: Nicht immer ist Schnurren ein Ausdruck von Zufriedenheit und Wohlergehen. Manche Katzen schnurren, wenn sie gestreichelt werden oder einen Leckerbissen haben möchten. Aber auch, wenn es ihnen schlecht geht, und sogar im Sterben fangen Katzen mitunter an zu schnurren. Experten vermuten außerdem, daß eine rangniedrigere Katze gegenüber einem dominanten Tier das Schnurren auch zur Beschwichtigung von Aggression einsetzt – vergleichbar mit unserem Lächeln.

„PLAUDERTASCHEN"

Auch in puncto Sprache zeigt sich wieder mal die Individualität der einzelnen Tiere. Es gibt Katzen, die ihren Menschen ganze Romane erzählen, und solche, die es eher mit dem Sprichwort „Reden ist Silber, Schweigen ist Gold" halten. Perfektionisten unter den Sprachkünstlern sind die Siamkatzen. Sie gehören zu den gesprächigsten Vertretern ihrer Art. Allerdings können Sie die Sprachfähigkeit Ihres Hausgenossen auch fördern. Je häufiger Sie mit Ihrem Stubentiger reden, desto gesprächiger wird auch dieser.

Von Mensch zu Tier

Wenn wir mit unserer Katze sprechen, achtet sie freilich weniger auf unsere Worte als auf unsere Körpersprache. So werden Ausdrücke wie „Nein" oder „Pfui" meist direkt verstanden, weil wir sie mit Tonlage und Körperhaltung unterstreichen. Machen Sie sich groß und stehen stramm und aufrecht da, sieht das in den Augen einer Katze bedrohlich aus. Auch wenn Sie schnell und forsch direkt auf eine Katze zugehen, erschrickt sie mit ziemlicher Sicherheit. Verstärkt wird dieser furchteinflößende „Angriff", wenn Sie den Stubentiger von oben herab plötzlich anfassen. Deshalb ist es immer klüger, langsam auf eine Katze zuzugehen und sich dabei klein zu machen. Auch ein

Neugierig haschen junge Katzen nach fast allem.

zu langer direkter Blick wirkt auf Katzen bedrohlich. Deshalb sollten Sie eine Katze nie anstarren, sondern zwischendurch immer wieder kurz wegsehen.

Ihren Namen verstehen die meisten Katzen schnell als Lockruf. Und genauso rasch lernen sie die verschiedenen Ausdrücke für Fressen. Je intensiver Sie sich mit Ihrer Katze beschäftigen, desto mehr lernt sie auch, bestimmte Worte mit deren Inhalt zu verknüpfen. Allerdings wird sie erst dann Ihren Anweisungen folgen, wenn sie Sie voll und ganz akzeptiert hat.

Der Ton macht die Musik

Wichtiger als jeder Inhalt ist für die Katze der Ton und die Lautstärke, in der gesprochen wird. Ein leises, gleichmäßiges Stimmengemurmel beruhigt sie, während sie durch ein lautstarkes Donnerwetter erschreckt oder verstört wird. Auch spielende oder laut kreischende Kinder klingen für Katzenohren besorgniserregend, abschreckend oder gar furchteinflößend.

„DUFTENDE" BOTSCHAFTEN

Die Kommunikation unter Katzen findet nicht nur durch Körpersprache und Laute statt, Katzen verteilen

Die meisten Kinder lieben verschmuste Katzen.

auch „duftende" Botschaften. Indem sie mit ihrem Schwanz, den Pfoten oder dem Kopf an etwas vorbeistreichen, kennzeichnen sie mit Hilfe von Duftdrüsen ihre „Besitztümer". Das kann ein Baum, eine Hausecke, aber auch das Bein ihres Besitzers sein. Damit teilen sie Artgenossen mit, daß dieser „Gegenstand" ihnen

gehört oder auch wo Reviergrenzen verlaufen. Während diese dezenten Mitteilungen bei uns Menschen aufgrund unseres schwachen Riechorgans nicht ankommen, werden andere Nachrichten von uns ziemlich schnell bemerkt – allerdings dann meist nicht als solche erkannt. Um uns klarzumachen, daß ihnen ir-

Duftmarken enthalten für Katzen wichtige Infos.

gend etwas gewaltig „stinkt", fangen Katzen nämlich manchmal an, Duftmarken aus Urin zu verteilen. Auf keinen Fall dürfen Sie die Katze dann wegen ihrer Unsauberkeit bestrafen. Da sie sich aus ihrer Sicht vollkommen „normal" verhält, wird sie Ihr Verhalten überhaupt nicht verstehen, sondern eher übelnehmen und mißtrauisch oder gar handscheu

werden. So unangenehm die Tatsache zweifellos sein mag, wenn keine organische Krankheit vorliegt, müssen Sie herausfinden, was die Katze so sehr streßt, daß sie zu diesem Mittel greift.

Ursachenforschung

Manchmal können Katzen etwas jahrelang tolerieren, ein unerwarteter Streß aber ist dann „der Tropfen zu-

viel". Vielleicht ist Mieze eifersüchtig und will einen Neuzugang in der Familie vertreiben, oder sie fühlt sich durch eine neue Katze in der Umgebung bedroht. Es kann auch sein, daß sie sich allein gelassen fühlt, vielleicht einer anderen Katze oder einem Menschen nachtrauert.
Möglicherweise steht auch die Katzentoilette am falschen Platz, oder Sie verwenden eine für sie unangenehme Einstreu. Viele Katzen verabscheuen Chlo-

„GEGEN"-DUFT

Verhaltensstudien haben gezeigt, daß Katzen zwei verschiedene Arten der Markierung an den Tag legen. Während sie in entspannter Stimmung ihren Kopf an Ecken und Gegenständen reiben, bespritzen sie bei Aufregung, wenn ihnen also irgend etwas nicht paßt, vorstehende Ecken, Möbelstücke und Türrahmen mit kleinen Mengen an Harn. Mit erzieherischen Maßnahmen kommt man hier oft nicht weiter. Da sie die Stellen, an denen sie zuvor ihr Köpfchen gerieben haben, aber nicht mit Harn markieren, haben Wissenschaftler ein Spray mit synthetisch hergestellten Gesichtspheromonen entwickelt, das man auf solche Problemzonen sprühen kann.

rophyll und andere desodorierende Zusätze. Manche mögen nicht einmal Streu auf der Basis von Tonmaterialien, sondern akzeptieren nur Sand. Und da Katzen sehr empfindliche Nasen haben, reagieren sie auch mit Ablehnung, wenn die Toilette nicht oft genug gereinigt wird. Es muß immer soviel Streu eingefüllt werden, daß sie ihr Klo mehrfach benutzen kann, ohne in nasse Stellen treten zu müssen.

TIP: Verhaltensforscher empfehlen für das Katzenklo eine Mindesteinstreuhöhe von 3,5 cm, da Katzen ein möglichst tiefes Loch graben wollen, um ihre Ausscheidungen unauffindbar vergraben zu können. Die Einstreu muß täglich erneuert und mindestens einmal pro Woche komplett gewechselt werden.

Kratzen dient ebenfalls der Reviermarkierung.

Auch ein Umzug, ein neuer Lebenspartner, neue Elektro- oder Elektronikgeräte, von denen Schwingungen und Töne ausgehen, die wir nicht hören oder fühlen können, die Katze aber sehr wohl, können ihr buchstäblich an die Nieren gehen.

In Sachen Katzenklo sind Katzen oftmals pingelig.

Der Lieblingsplatz muß nicht unbedingt draußen, aber hoch oben sein.

Single oder Katzen-WG?

Das richtige „Drumherum"

Katzen lieben ein großes „Reich" und jede Menge Abwechslung. Mit ein paar Tricks können Sie auch eine kleine Wohnung so gestalten, daß sich Ihre Katze ganz zu Hause fühlt.

WOHNUNGSKATZEN

Gut 50% unserer Hauskatzen leben ausschließlich in den vier Wänden. Das muß nicht von vornherein auch eine Begrenzung ihrer Lebensqualität bedeuten. Denn nicht die Quadratmeterzahl einer Wohnung ist nach Meinung der Experten ausschlaggebend für das Wohlbefinden einer Katze, sondern ob es darin genug zu entdecken gibt. Wenn die Einrichtung allerdings nur menschlichen und nicht auch kätzischen Ansprüchen genügt, birgt das allerlei Probleme und Gefahren. Und da Langeweile der schlimmste Feind von Wohnungskatzen ist, sollten Sie sich überlegen, ob Sie vielleicht gleich eine „Katzen-WG" aufmachen.

SCHÖNER WOHNEN FÜR DIE KATZE

Natürlich würde „Katze" lieber großzügig leben – mit täglichen ausgedehnten Ent-

In freier Natur gibt es viel zu entdecken.

deckungsreisen im Freien. Doch wenn Sie sich Mühe geben, können Sie sogar aus einem kleinen Apartment ein Mini-Katzenparadies machen. Erweitern Sie einfach den zur Verfügung stehenden Platz durch zusätzliche Wohnebenen. Holzplanken entlang der Zimmerwände,

Alles Höhlenartige zieht Katzen magisch an.

die zu Hochsitzen auf (fest montierten!) Regalen, Schränken oder eigens gebauten Aussichtsplattformen führen, sind Abenteuerspielplatz und zugleich auch eine ideale Rennstrecke, um das Bewegungsbedürfnis von Stubenhockern zu stillen.

Wie man sich bettet...

Gönnen Sie Ihrer Katze mindestens zwei Schlafplätze und drei oder vier Lieblingsplätze, an denen sie es sich bequem machen und wohin sie sich zurückziehen kann. Im Zoofachhandel gibt es jede Menge hübscher Körbe und Kuschelhöhlen. Seien Sie allerdings nicht beleidigt, wenn sie dem zugewiesenen Platz keinen Blick schenkt und sich lieber aufs Fensterbrett mit Aussicht oder die warme Ofenbank verzieht.

Es ist übrigens ganz normal, daß eine Katze ihre Lieblingsschlafplätze wechselt. Sofern sie keine anderen Absonderlichkeiten an den Tag legt, brauchen Sie sich keine Sorgen zu machen. Katzen haben eben ihren eigenen Kopf. Auch ein alter, ausgedienter Einkaufskorb, der mit Schnüren an der Decke befestigt wird, ist ein herrlicher Aufenthaltsort. Viele Katzen „fahren" total auf Kräuterkissen ab, die mit Katzenminze oder Catnip

gefüllt sind. Andere wiederum haben dafür nur ein müdes Gähnen übrig. Falls Ihre Katze zu diesen „Schnüfflern" gehört, können Sie eine Lieblingsecke mit solch einem Kissen aufpeppen.

Kuschelhöhlen und Aussichtspunkte am Kratzbaum: Katzenkomfort für jede Wohnung.

„Sofaschoner"

Nicht nur aus Rücksicht auf Ihr Sofa sollten Sie sich einen Kratzbaum zulegen. Eine Katze braucht fürs körperliche und seelische Wohlbefinden unbedingt etwas,

Offen stehende Schranktüren laden viele Katzen zum Entdecken ein.

an dem sie ihre Krallen wetzen kann. Sie entfernt dabei nicht nur das abgenützte Krallenhorn, sondern markiert gleichzeitig auch ihr Revier. Die meisten Katzen ziehen Stämme aus Sisal oder Kokos „echten" Massivholzstämmen vor, weil sie weicher sind. Außerdem sind industriell gefertigte Kratzbäume teilweise gleich kombiniert mit interessanten Aussichtsplätzen und kuscheligen Schlafhäuschen. Wollen Sie dennoch selbst Hand anlegen, ist fester Stand oberstes Gebot. Gerät eine Katze so richtig ins Toben, wird ganz schön viel Energie frei, der ein Kratzbaum unbedingt standhalten muß.

VERBOTENE ZONEN

Da der Kratzbaum ein wichtiger Kreuzungspunkt beim täglichen Rundgang ist, sollten Sie ihn an einem Platz aufstellen, der auf direktem Weg vom Schlafplatz zu erreichen ist oder der in der Nähe „verbotener Zonen" liegt. Bei aller Katzenliebe müssen einer Katze nämlich auch Grenzen gesetzt werden. Da sich bei Freilaufkatzen die Reviere der einzelnen Tiere überlappen und manche Wege nach einem strengen Zeitplan von mehreren Katzen benutzt werden, also zeitweise Tabuzonen sind, hält es Katzenexperte Paul Leyhausen für falsch, einer Wohnungskatze

die ganze Wohnung zu überlassen. Sie braucht (zeitweise) verbotene Zonen, die ihr die Reviergrenzen ersetzen. So können Sie beispielsweise den Eßtisch zum Tabu erklären, während Sie zu Hause sind. Finden Sie beim Heimkommen dort Katzenhaare vor, müssen Sie diese übersehen. Ertappen Sie die Katze jedoch „auf frischer Tat", dürfen Sie die Grenzüberschreitung nicht dulden. Starren Sie die Katze an und stoßen Sie einen drohenden Laut wie ein scharfes „Nein!" aus. Zeigt sich die Katze davon nicht beeindruckt, blasen Sie ihr sanft ins Gesicht – wie es auch ein kätzischer Gegner beim Fauchen tun würde.

TIP: Benützen Sie den „Luftstrom einer fauchenden Katze" nie als nachträgliche Strafaktion, sondern nur in direkter Konfrontation. Ihre Katze würde im Nachhinein nicht begreifen, was Sie von ihr wollen. ◼

VORSICHT KATZENFALLEN

Im menschlichen Umfeld lauern leider auch versteckte Gefahren, die die Gesundheit einer Katze gefährden

Vorsicht vor versteckten Gefahren in der Küche!

Giftige Tulpen zwischen harmlosem Löwenzahn.

oder sogar tödlich werden können. Deshalb sollten Sie Ihre Wohnung aus der Katzenperspektive überprüfen. Lassen Sie niemals Plastiktüten herumliegen, da sich Katzen von Gegenständen mit Höhlencharakter magisch angezogen fühlen und darin jämmerlich ersticken können. Auch die geöffnete Waschmaschine, vor allem, wenn darin schon herrlich nach Mensch duftende Wäsche „versteckt" ist, kann schnell zum unentrinnbaren Gefängnis werden. Achten Sie auch darauf, daß Ihre Katze nicht im Raum ist, wenn die Maschine gerade Lauge abpumpt. Katzen stecken ihre Nase auch gerne in offene Behälter mit Spül- oder Pflanzenschutzmittel oder kosten an

Mottenkugeln und vergiften sich dabei. Geben Sie Ihrer Katze auch niemals eigenmächtig Medikamente, denn manche enthalten für sie unverträgliche Stoffe wie z. B. Aspirin. Auch Koffein, Alkohol und Lebensmittel mit Benzoesäure (häufig in Mayonnaise) sollten Sie katzensicher wegsperren. Bereits 0,2–2% davon führen zu Vergiftungen.

Da Katzen statt aus dem Wassernapf gerne mal aus dem Blumenuntersetzer trinken, müssen Sie auch hier aufpassen. Herumliegendes Näh- und Werkzeug, Herdplatten oder Bügeleisen, aalglatte Regale, Marmorböden oder blank gebohnerte Fliesen können leicht zu Unfällen führen. Mit Abstand die schlimmste

Falle in der Wohnung aber sind Kippfenster. Spezielle Einsätze verhindern, daß Katzen auf dem Weg in die vermeintliche Freiheit jämmerlich umkommen.

Giftiges Grün

Viele unserer Pflanzen enthalten ebenfalls Stoffe, die Katzen nicht vertragen. Mitunter kann schon der Körperkontakt allergische Reaktionen auslösen. Im Freien meiden Katzen solche Pflanzen meist von sich aus, nicht aber in Wohnungen, vor allem dann nicht, wenn kein ungiftiges Alternativgrün angeboten wird. Auch Freilaufkatzen werden in der kalten Jahreszeit mitunter zu Stubenhockern und interessieren sich dann für Sträuße und Topfpflanzen. Decken Sie die Erde von Pflanzkübeln am besten mit einer Lage Zierkies ab, da-

TIP: Sollte es trotz aller Vorsicht passiert sein, daß eine Katze etwas Giftiges erwischt hat, wenden Sie keine Hausmittel an, sondern suchen Sie sofort den Tierarzt auf. Die meisten Giftstoffe beeinträchtigen das Nervensystem und greifen Magen- und Darmschleimhäute an. Vergiftungssymptome sind Zittern, Krämpfe, Speicheln, Lähmungen, Erbrechen und Durchfall.

Auf Katzenkinder muß man besonders achten, weil sie unerfahrener und neugieriger sind.

mit sie nicht als Katzenklo zweckentfremdet werden. Denken Sie daran, daß auch ungiftige Pflanzen durch Insektizide an Blättern oder giftige Zusatzstoffe in der Erde für Ihre Katze gefährlich sein könnten.

FRISCHLUFT-OASEN

Haben Sie das Glück, einen Balkon oder gar einen Garten vor der Haustür zu haben, können Sie mit etwas handwerklichem Geschick Ihrer Katze auch ein „aus-

bruchsicheres" Frischluft-paradies schaffen. Für einen „katzensicheren Garten" müssen Sie je nach Wohnort beim Bauamt eine Genehmigung einholen. Weil Katzen gute Kletterer sind und sich auch an hölzernen Zaunpfählen nach draußen hangeln können, eignen sich zur Einfriedung nur eiserne Zaunpfähle. Sie sollten 2,30 m hoch sein und in der Höhe von 1,80 m in einem Winkel von ca. 30 Grad nach innen gebogen sein. Bespannt werden sie mit Maschendraht. Da manche Ausbruch-Cracks auch diese Hürde noch überwinden, können Sie an das oberste

abgewinkelte Zaunstück ein Netz hängen. Auch nach unten muß der Zaun abgesichert werden. Am billigsten ist das spatenbreite Einsetzen eines Hasendrahtes in die Erde, der mit dem Maschendraht katzensicher verbunden wird.

Achten Sie beim Begrünen darauf, daß die Pflanzen nicht nur ungiftig sind (fragen Sie im Zweifel beim Gärtner nach), sondern Ihrem Vierbeiner nicht irgendwann als Ausbruchhilfe dienen können. Garagendächer, Bäume in der Nähe des Zaunes etc. müssen ebenfalls mit einer Katzensicherung versehen werden.

HÄUFIGE GIFTPFLANZEN

Alpenveilchen, Alpenrose, Anthurie, Azalee, Blauregen, Buchsbaum, Calla, Clematis, Geranie, Goldregen, Hortensie, Hyazinthe, Lorbeer, Maiglöckchen, Mistel, Oleander, Philodendron, Rittersporn, Tulpe, Usambaraveilchen, Weihnachtsstern.

Katzen-Balkonia

Auch ein reich bepflanzter Balkon bietet Stubentigern das Gefühl von Freiheit und Natur. Obwohl Katzen oft auch Stürze aus großen Höhen überstehen, sollten

Eine „vernetzte" Terrasse bietet Abwechslung und das Gefühl von „Landleben".

„PARTNER FÜRS LEBEN GESUCHT"

Wenn Sie berufstätig sind und Ihre Katze den ganzen Tag allein sein muß, sollten Sie ihr unbedingt einen Spielkameraden gönnen. Auf Dauer wird sie sonst vereinsamen und vor Langeweile nicht nur die Wohnung auf den Kopf stellen, sondern auch krank werden. Außerdem ersetzt eine andere Katze ein Stück Natur. Zwar kann es anfangs zu „Pfotengreiflichkeiten" kommen, weil die neue Katze in fremdes Revier eindringt, doch normalerweise machen Katzen die Rangordnung bald unter sich aus, und der Streß ist schnell vergessen. Mischen Sie sich keinesfalls ein, da Sie damit die Rituale zwischen den Tieren stören. Hören die Streitigkeiten allerdings nach einigen Wochen noch nicht auf, müssen Sie sich von dem Neuling wieder trennen.

Meist fällt es Kätzinnen am schwersten, sich auf einen neuen Partner einzustellen. Am ehesten akzeptieren sie einen kleinen Kater. Kastrierte Kater sind in der Regel am tolerantesten. Richten Sie beiden Tieren unbedingt getrennte Futter- und Ruheplätze ein. Fehlt die Freilaufmöglichkeit, ist „bei Dreien auf jeden Fall einer zuviel".

Dank Katzentüre kann sie jederzeit rein und raus.

Sie kein Risiko eingehen und ihn mit einem Netz absichern. Der Fachhandel bietet eine Reihe fertiger Konstruktionen. Holen Sie, bevor Sie ein solches Netz anbringen, die Genehmigung des Vermieters ein.

Katzen-Kräutergarten

Eine für Katzen extrem wohlriechende Wildkräutermischung ist Goldmelisse, Echter Eibisch, Blutmalve, Großblütige Nachtkerze, Himmelsleiter, Eberraute, Wasser- und Ackerminze, Katzenminze, echter Thymian, Feldthymian und Mutterkraut. Aber auch Kapuzinerkresse, Hopfen, Kletterhortensien, Feuerdorn, Rosen, Jasmin, Spalierobst, Küchenkräuter und Gemüse eignen sich für Katzenbalkone und -gärten. Ungeeignet für Katzen ist das Zyperngras. Es ist zwar nicht giftig, Teile davon können aber im Rachen steckenbleiben und zu chronischem Husten oder Nasenausfluß führen. Seine scharfen Blätter können außerdem zu Schnittverletzungen im Maul führen.

Vorsehen ist besser als heilen

Katzen-Fitneß-Rundum-Paket

Eine gesunde Ernährung, etwas Körperpflege und ein regelmäßiger Checkup lassen Katzen jung bleiben und beugen den „Wehwehchen" des Alters vor.

Obwohl „Schlank-Rassen" wie vor allem Siamesen und Orientalen im Schnitt älter als andere Rassen werden, ist die Tatsache, mit bestimmten Genen geboren zu sein, noch keine Garantie für ein langes, gesundes Leben. Denn neben Umwelteinflüssen ist es vor allem die Pflege durch den Besitzer, die Katzen gesund bleiben läßt.

Kein Wunder also, daß Bauernhofkatzen und Katzen ohne eine feste Bindung an einen Menschen mit durchschnittlich sechs Jahren eine bedeutend geringere Lebenserwartung haben als unsere Stubentiger, die heute

Kätzchen lernen Freßvorlieben von ihrer Mutter.

Katzen brauchen grüne Alternativen, um sie von Blumensträußen fernzuhalten.

durchschnittlich 12 Jahre alt werden. Schuld daran sind nicht nur das erhöhte Unfallrisiko, sondern auch nicht behandelte Krankheiten, schlechte und unregelmäßige Ernährung und der Streß, der durchs Liebesleben entsteht.

FITNESS AUS DEM NAPF

Die ideale Nahrung für Katzen sind eigentlich Mäuse. Sie bestehen aus hochwertigem tierischem Eiweiß, pflanzlicher Beilage (Darminhalt) und unverdaulichen Stoffen wie Knochen und Haaren. Außerdem sind sie reich an Taurin, einer Aminosäure, die nur in tierischem Gewebe, nicht aber in Milch oder Eiern vorkommt und von der Katze auch nicht selbst im Körper produziert werden kann. Fertigfutter-Hersteller ahmen diese Zusammensetzung nach. Markenfutter enthält deshalb alles, was die Katze braucht. Das Katzenmenü sollte weder zu heiß noch zu kalt serviert werden. Am liebsten fressen Katzen etwa körperwarmes Futter (38 °C).

Auch Putzen gehört zur Gesundheitsfürsorge.

Freßvorlieben

Trotz der Riesenauswahl haben sich viele Katzen auf ein Lieblingsmenü „eingefressen". Studien zeigen, daß die hartnäckigen Freßvorlieben schon zwischen der dritten und achten Lebenswoche fixiert werden. Die Katzenmutter gibt nämlich ihren „Lieblingsgeschmack" weiter, bei frei lebenden Katzen den für eine bestimmte Mäuseart, bei Wohnungskatzen den für ein bestimmtes Fertigmenü. Gesundheitlich ist das kein Problem.

Selbst bei Trockenfutter als Leib- und Magengericht besteht kein Risiko zur Harnsteinbildung mehr. Wichtig ist dabei nur, daß eine Katze ausreichend trinkt,

auch wenn sie ergänzend Feuchtfutter zu sich nimmt. Am liebsten haben Katzen ihren Wassernapf übrigens nicht neben dem Futternapf stehen, sondern in der Nähe ihres Lieblingsplatzes.

TIP: Damit aus kleinen Kätzchen nicht irgendwann heikle Katzen werden, empfiehlt der Katzenexperte Dr. Dennis Turner, Welpen nach etwa vier Wochen verschiedenste Futtersorten anzubieten, diverse Dosen-Vollnahrung, etwas Trockenfutter, ein wenig Reis oder Nudeln, aber keine stark gewürzten Speisen.

Vorsicht Fisch!

Vorsichtig sein sollten Sie lediglich mit ausschließlich fischiger (Fertig-)Nahrung. Zuviel Fisch, v. a. Thunfisch, kann zu einem Vitamin E-Mangel führen, in dessen Folge es zu einer schmerzhaften Entzündung des Fettgewebes, der Gelbfettkrankheit, kommen kann. Reiner Thunfisch aus der Dose ist in größeren Mengen daher absolut tabu.

Achten Sie bei Wohnungskatzen darauf, daß immer auch ein Topf mit Katzengras bereitsteht. Das hilft

Für kleine Katzen ist Wasser oft nicht nur zum Trinken da...

nicht nur, verklumpte Fellhaare wieder auszuspucken, sondern enthält auch lebenswichtige Enzyme.

Katzen-Müsli

Vor allem langhaarige Wohnungskatzen neigen mitunter zu Verstopfungen. Sie können vorbeugend Ballaststoffe wie Kleie, Haferflocken oder Leinsamen unters Futter mischen. Falls Ihre Katze kein „Müsli" mag, können Sie es mit gesäuerten Milchprodukten wie Quark, Dick- oder Sauermilch oder Joghurt versuchen. Zusätzlich sollten Sie eine zur Verstopfung neigende Katze regelmäßig „in Bewegung bringen". Kuhmilch hingegen ist nicht geeignet: Sie ist viel zu fett und enthält zuviel Zucker. Da Katzen diesen Milchzucker (Lactose) nicht verdauen können, bekommen viele von Milch Durchfall. Seit einiger Zeit gibt es für Schleckermäuler aber eine spezielle, lactosereduzierte Katzenmilch. Diese Produkte sollten aber wie die Vielzahl von Vitamin-Drops, Flocken und Pasten nur in Maßen gefüttert werden - nicht nur, weil die Katze sonst vielleicht das normale Futter verschmäht, sondern vor allem, weil ihr zuviel des Guten gesundheitlich ebenso schadet wie eine unausgewogene Ernährung.

Katzenkinder fressen oft gemeinsam aus einem Napf.

TIP: Bekommt eine werdende Katzenmama während ihrer Trächtigkeit und Stillzeit nicht genug eiweißreiche Kost zu fressen, bleiben ihre Jungen nicht nur körperlich zurück, sie weisen auch Verhaltensstörungen auf. So sind sie mit vier Monaten beim Spiel viel ungeschickter, weniger lernfähig und ängstlicher als gleichaltrige Artgenossen, die von einer gut genährten Mutterkatze stammen, und verhalten sich gegenüber anderen Katzen aggressiver. Fragen Sie Ihren Tierarzt, wie Sie eine trächtige Katze gesund ernähren.

WENIGER IST MANCHMAL MEHR

Jeder, der einmal die normale Futterzeit seiner Katze vergessen hat, weiß, welch klägliches Miauen einen dann trifft. Trotzdem sollten Sie sich nicht durch einen „Schmachteblick" verleiten lassen, noch ein Löffelchen draufzulegen. Denn auch Katzen haben schnell ein paar Gramm zuviel auf der Waage. Nur ganz selten ist eine hormonelle Störung schuld daran.
Zuviel Speck auf den Rippen aber sieht nicht nur unschön aus, es schadet auch der Gesundheit und senkt

„Menschenessen" ist für Katzen generell tabu.

TIP: Läßt sich eine Katze nicht ruhig auf die Waage stellen, wiegen Sie sich zunächst selbst und danach noch einmal mit der Katze. Die Differenz entspricht dann dem Gewicht Ihres Stubentigers.

die Lebenserwartung. Denn Herz, Kreislauf und Gelenke werden belastet, Hormonstörungen begünstigt. Wer seine Katze liebt, achtet daher darauf, daß sie ihr Idealgewicht behält. Vor allem Wohnungskatzen, die zu wenig Bewegung haben, sind gefährdet.

„Maßnehmen"
Auch anhand der Körperform können Sie beurteilen, ob Ihre Katze ein bißchen abspecken sollte. Im Idealfall spüren Sie mit der Hand die Rippen unter einer dünnen Fettschicht und die Knochenvorsprünge des Beckens. Stehen die Lendenwirbel nach oben vor, ist die Katze zu dünn. Eindeutiges Zeichen für Übergewicht ist ein Fettpolster an der Bauchunterseite. Bei kurzhaarigen Katzen sollten Sie, von oben betrachtet, die Taille erkennen können.

Richtig abspecken
Hat Ihre Katze Übergewicht, stellen Sie am besten zusammen mit dem Tierarzt einen Diätplan auf. Wiegen Sie Ihre Katze einmal in der Woche und notieren Sie das Gewicht. Ideal ist eine Abnahme von 100 g in der Woche. Mehr würde den Stoff-wechsel zu sehr belasten. Nulldiäten oder Trennkost können bei Katzen zu schweren Leberschäden führen, da die entstehenden Stoffwechselprodukte nicht schnell genug entgiftet werden können.

Es gibt aber schmackhafte Diät-Fertiggerichte, die alle für die Katze lebenswichtigen Stoffe enthalten. Zur Umgewöhnung können Sie es mit normalem Futter mischen. Am besten verteilen Sie die Ration auf drei Portionen. Nimmt Ihre Katze trotz streng eingehaltenem Diätplan nicht ab, könnte es vielleicht sein, daß sie bei einem ihrer Revierrundgänge irgendwo in der Nachbarschaft „einkehrt".

TIP: Machen Sie sich keine Sorgen, wenn Ihre Katze bei großer Hitze nichts frißt. Da durch die Verdauungstätigkeit der Stoffwechsel angeregt wird und Verbrennungsenergie entsteht, die in Form von Wärme wieder abgegeben werden muß, nehmen Katzen bei Hitze nur das Nötigste zu sich. Bei Kälte hingegen tanken sie vermehrt Energie. Wir Menschen sollten uns dem veränderten Rhythmus anpassen und an heißen Tagen nur in den kühleren Tageszeiten füttern.

DAS KATZENFELL – SPIEGEL DER SEELE

Wie bei uns Menschen die Haut der „Spiegel der Seele" ist, sind die Beschaffenheit und das Aussehen des Fells bei einer Katze wichtige Anhaltspunkte, den Gesundheitszustand und die seelische Verfassung zu erkennen. Die sorgfältige „Katzenwäsche" hält den kostbaren Pelz geschmeidig, damit er seine isolierende Wirkung nicht verliert. Außerdem dient sie zum Abbau von Spannungen, Aufregung oder Verlegenheit.

Obwohl der Reinlichkeitssinn von Katzen sprichwörtlich ist, brauchen ältere und kranke Tiere sowie Langhaarkatzen die Hilfe des Menschen. Sonst entwickelt sich der flauschige Pelz allmählich zur unhygienischen häßlichen Fellmatte, unter der die Haut nicht richtig atmen kann - ein idealer Nährboden für Infektionen und Nistplatz für allerlei Ungeziefer.

Putzhilfe

Damit beim Putzen nicht zu viele Haare verschluckt werden, die sich im Magen als

IDEALGEWICHT

Das Idealgewicht eines durchschnittlichen Katers liegt zwischen 3,6 kg (bei Schlankrassen) und 5 kg (bei Plumprassen), bei Kätzinnen zwischen 2,9 und 3,5 kg.

Klumpen ansammeln, sollten Kurzhaarkatzen einmal, während des Fellwechsels zwei- bis dreimal in der Woche mit einem Noppenschwamm gebürstet werden. Langhaarkatzen rückt man täglich mit einem breitzinkigen Stahlkamm von

Zu gut genährte Welpen bilden vermehrt Fettzellen – Grundstein für Figurprobleme.

Kurzhaarkatzen sollten während des Fellwechsels mehrmals in der Woche mit Kamm,

Bürste oder Noppenschwamm durchgekämmt werden.

Ganz wichtig: Zähne und Zahnfleisch kontrollieren.

Kopf bis Fuß zu Leibe. Von klein auf daran gewöhnt, empfindet weder Mensch noch Tier das Pflegeritual als lästig. Vor allem kritische Zonen wie Kinn und Brust sowie die Hinterbeine bzw. die Unterseite des Schwanzes sollten dabei genau begutachtet werden. Essens- und Kotreste sollten Sie mit einem feuchten Tuch einweichen und dann erst vorsichtig auskämmen. Scheiteln Sie beim Bürsten das Fell an möglichst vielen Stellen und untersuchen Sie dabei die Haut gleichzeitig auf trockene oder nässende Pusteln, Kratzspuren oder auch schwarze Krümel, die auf Flohbefall hindeuten. Einmal pro Woche kommt bei Langhaarkatzen neben dem grobzinkigen Kamm ein feinzinkiger „Staubkamm" und anschließend eine Kunststoff- oder Naturhaar-Bürste zum Einsatz. Einmal im Monat kann das Fell von Langhaarkatzen vor dem Kämmen leicht mit einem Spezialpuder aus dem Fachhandel eingepudert und dann vom Körper weg ausgebürstet werden. Daneben sollten Zähne (siehe S. 44), Krallen und Ohren regelmäßig kontrolliert und gegebenenfalls auch das Ohrenschmalz in der äußeren Ohrmuschel vorsichtig mit einem Tuch ausgerieben werden. Zu lange

Krallen lassen Sie am besten vom Tierarzt schneiden. Bei Perserkatzen oder älteren Tieren gehört auch die Säuberung der Augenwinkel mit einem feuchten Läppchen zur täglichen Routine bei der Schönheitspflege.

Thermoregulation

Die menschliche Normaltemperatur liegt bei 37 Grad Celsius, die der Katze bei 38,5 Grad. Sobald eine Katze nach draußen geht, sträubt sich ihr Fell. Diese sogenannte Piloerektion, eine Erregung der Haarbalgmuskeln, läßt eine isolierende Luftschicht entstehen, die verhindert, daß die Katze friert, und außerdem den inneren Ofen anheizt. Da ältere Tiere mit extremen Temperaturbedingungen nicht mehr so gut zurechtkommen, können Sie Ihre Katze bei Hitze mit einem feuchten Tuch sanft abreiben und mehr Feucht- und weniger Trockenfutter geben. Bei kaltem Wetter sollten Sie den Lieblingsplatz mit einer warmen Decke oder einer Lammfelleinlage auspolstern.

Putzzwang

Manche Katzen, die sich von einer Situation überfordert fühlen oder sich langweilen, fangen an, sich zu viel zu putzen, und rasieren dabei mit ihrer rauhen Katzenzunge das Fell regelrecht ab. Dieser sogenannte Putzzwang ist ein Anzeichen von Streß. Die Katze sucht sich dabei Stellen aus, die sie leicht erreichen kann, wie die Innenseite der Schenkel, den Unterbauch, die Beine oder den Schwanz.

Da sie sich meistens dann putzt, wenn niemand hinguckt, sieht es so aus, als seien die Haare ausgefallen. Mit genauem Blick können Sie jedoch erkennen, daß sie abgebrochen sind. Man kann diese Lecksucht zwar mit Hormonen behandeln, wird aber die Ursache für das Fehlverhalten nicht erkannt und beseitigt, hat die Therapie keinen dauerhaften Erfolg.

Ebenso wie bei Unsauberkeit kann schon alleine eine Veränderung der Lebensumstände eine Katze so „frusten", daß sie in dieses

TIP: Das aus den Samen der Nachtkerze gewonnene Öl kann ein Heilöl für die Haut sein. Es enthält besonders viele der für Katzen lebensnotwendigen essentiellen Fettsäuren. Nachtkerzenöl unterstützt bei allergisch bedingten Ekzemen die Therapie und kann sogar die Gabe von Kortison unnötig machen. Außerdem bringt es das Fell zum Glänzen.

zwanghafte Verhalten verfällt. Bürsten unterstützt den Heilerfolg. Zum einen wird die Haut besser durchblutet, zum anderen genießt die Katze die zusätzliche Zuwendung und baut dabei Streß ab.

Durch das Lecken entstandene Entzündungen heilen leichter ab, wenn Sie die betroffenen Stellen mit Calendula-Salbe oder -Tinktur einreiben. Calendula hilft auch bei Abschürfungen und hat keine Nebenwirkung, falls die Katze daran lecken sollte.

Hilfe bei Akne

Nicht nur uns Menschen – bevorzugt im Teenie-Alter – quälen Hautunreinheiten, auch Katzen können unter Akne leiden. Akne zeigt sich durch kleine Pusteln und haarlose Stellen am Kinn, die nässen oder schwärzlich verkrusten. Meist treten die Beschwerden in regelmäßigen Abständen auf, was vermutlich mit dem zyklischen Haarwechsel zusammenhängt.

Häufig ist es aber nur ein kosmetisches Problem, das durch sanfte, gründliche Reinigung mit Seife oder Alkohol behoben werden kann. Lotionen und Salben für Menschen sind hingegen für Katzenhaut zu reizend. Neigt Ihre Katze zu Akne, können Sie zur Vorbeugung ein- bis dreimal die Woche das Kinn mit einem milden Shampoo waschen.

Liebevolle Zuwendung tut Mensch und Tier gut.

Stärke contra Fettschwanz

Vor allem Lang- und Halb-langhaarkatzen neigen zum Fettschwanz. Dabei bildet sich durch vermehrte Fett-absonderung der Drüsen am oberen Schwanzansatz eine bräunliche, mitunter sogar schwarze fettige Sub-stanz, die sehr unappetitlich aussieht. Sie können diese Beläge mit warmem Wasser einweichen und mit einer weichen Zahnbürste vor-sichtig ausbürsten. Danach sollten Sie die trockene Stelle mit Kartoffelstärke oder ei-nem Spezialpuder einreiben.

MEHR ALS SCHÖN-HEITSSCHLAF

Drei Stunden und vierzig Minuten braucht die „Durch-schnitts"-Katze für ihre Kos-metik, also das Putzen. Die-selbe Zeit widmet sie ihrer Fitneß-Gymnastik wie Spie-len und Herumtoben. Unge-fähr eine Stunde und vierzig Minuten flaniert sie durch die Gegend, um ihr Revier zu inspizieren, und rund zwanzig Minuten frönt sie über den Tag verteilt den Gaumenfreuden. Den Rest der Zeit verbringt sie „in der Horizontalen", d. h., neun Stunden und vierzig Minu-ten mit Schlafen und fünf Stunden und zwanzig Minu-ten mit Dösen. Täglich also im Durchschnitt mindestens fünfzehn Stunden süßes Nichtstun – man gönnt sich ja sonst nichts.

Natürlich gibt es auch in der Katzenwelt Langschläfer, die statt Bodybuilding lieber noch eine Runde Schlaf zu-sätzlich einlegen. Doch auch sie schlafen niemals sieben oder acht Stunden am Stück, sondern legen meh-rere Schlafpausen oder kur-ze Nickerchen ein.

In Tiefschlaf fallen Katzen nur zwischendurch, wenn sie sich absolut sicher füh-len. Während sie in man-chen Phasen ganz entspannt daliegen, zucken sie in an-deren ganz plötzlich mit den Pfötchen, den Ohren und dem Schwanz, rollen die Augen hinter geschlosse-nen Lidern und stoßen nicht selten höchst eigen-tümliche Laute aus.

Schlaf-Forscher

Einer der ersten Forscher, der mit Hilfe des Elektroen-cephalogramms (EEG) die Schlaf-Phasen bei Mensch und Tier untersuchte, war der französische Neurobio-loge Michel Jouvet.

Der Mensch hat zwei ver-schiedene EEG-Muster. Das erste ist von relativ niedriger

Die Fellpflege dient auch dem Streßabbau.

Frequenz und das Merkmal eines tiefen Schlafs. Das zweite ist unregelmäßiger und wird von heftigen Augenbewegungen unter den geschlossenen oder halbgeschlossenen Augenlidern begleitet (REM-Schlaf; rapid eye movement = schnelle Augenbewegung). Diese REM-Phase ist beim Menschen die Zeit der Träume. Viele Experten sind sich heute sicher, daß auch Katzen neben dem ruhigen, traumlosen Schlaf durch solche Phasen von „aktiviertem" Schlaf gehen und die REM-Phase zur Erholung und Entlastung des Zentralnervensystems unbedingt brauchen. Während sie in der Phase des leichten Schlafes schnell durch äußere Einflüsse geweckt werden können, werden sie in der Tiefschlafphase nur bei extrem bedrohlich wirkenden Geräuschen und Gerüchen wie z. B. dem drohenden Fauchen einer anderen Katze oder Brandgeruch wach. Es gibt sogar Hinweise darauf, daß auch Katzen in Streßzeiten unter Schlafstörungen leiden können. Schlafentzug aber bedeutet für jedes Lebewesen auf Dauer Folter. So führt es bei Menschen zu schweren psychischen Störungen und Halluzinationen. Auch für Katzen sind Träume biologisch notwendig. Deshalb

Manchmal muß man älteren Katzen etwas helfen, „den Schlaf aus den Augen zu wischen".

sollten Sie Ihre Katze niemals aus ihrem „Gesundheitsschlaf" reißen, auch wenn der Anblick einer schlummernden Mieze noch so verlockend erscheint, auf der Stelle mit ihr zu schmusen. Auch Kinder sollten wissen, daß eine Katze ihr gutes Recht auf ihren Schlaf hat und daß sie sie nicht jederzeit auf den Arm nehmen dürfen, wann es ihnen gerade paßt.

FRUST STATT LUST

Der Anblick oder Duft einer rolligen Kätzin genügt, und sie sind nicht mehr zu bremsen. Sie vergessen ihren Hunger, das traute Heim und lassen jegliche Vorsicht außer acht, egal, ob im Straßenverkehr oder im Kampf mit den Rivalen – liebestolle Kater. Aber selbst wenn ein werbender Kater das „Rennen" gewinnt, ist noch lange nicht gesagt, daß er auch „zum Zuge" kommt. Die Partnerwahl ist nämlich reine Frauensache, und nicht selten schenkt die Kätzin ihre Gunst dann doch dem bedauernswerten Unterlegenen, trotz zerschlitzter Ohren und zerkratzter Nase. Statt Lustgewinn bekommen die meisten Kater also nur Frust ab. Bei manchen kann sich die sexuelle Energie dann sogar so aufstauen, daß sie versuchen,

Katzen oder auch schwächere Kater zu vergewaltigen.

Rolligkeit

Aber auch das weibliche Geschlecht hat seine Probleme mit dem Sex. Im Durchschnitt werden Kätzinnen mit neun Monaten das erste Mal rollig. Je nach Rasse, Gewicht, Lichtintensität und Lebensumständen variiert der Zeitpunkt sehr stark. Orientalen wie die Siam sind eher frühreif, Langhaarkatzen wie die Perser eher Spätzünder.
Hauptsaison für das Liebesleben ist von Februar bis Mitte April. Es können

sich im Sommer und Frühherbst jedoch weitere Zyklen anschließen. Da Wohnungskatzen den jahreszeitlichen Lichtschwankungen nicht so sehr ausgesetzt sind, können sie das ganze Jahr über rollig werden.
Aktiviert durch Sexualhormone, reifen die Eizellen in kleinen Bläschen heran. Sie platzen allerdings erst dann, wenn die Katze sich mit einem Kater paart. Die Hitzeperiode, in der die Katze deck- und empfängnisbereit ist, dauert etwa acht bis zehn Tage. Eine liebes-

hungrige Katze miaut dann herzzerreißend, reibt ihren Kopf zärtlich an Gegenständen und wälzt sich herausfordernd auf dem Boden. Findet ihr Werben kein Gehör, trocknet das reife Eibläschen ein.

Nach ungefähr fünfwöchiger Pause folgt die nächste Rolligkeit, die dann meist länger dauert. Kommt es wieder nicht zum Deckakt, verkürzt sich der Abstand zur nächsten Rolligkeit immer mehr. Dies kann

Fünfzehn Stunden täglich döst und schläft eine Katze.

sich so weit steigern, daß die Katze dauerrollig wird. Für das Tier ist das ein immenser Streß, weil es nurmehr von seinem Trieb und den Hormonen beherrscht wird.

Lassen Sie sich nie dazu verlocken, Katzen aus ihren Träumen zu reißen.

Wechseljahre kennen Kätzinnen übrigens nicht. Sie behalten, wie auch die meisten Kater, ihre Fortpflanzungsfähigkeit bis ins hohe Alter.

„Liebesbriefe"

Wenn Sie nicht züchten wollen, sollten Sie Ihre Katze unbedingt kastrieren lassen. Das schützt nicht nur die Nerven des Tieres, sondern auch Ihre eigenen. Unkastrierte Kater versprühen nämlich überall in Haus und Garten ihren Urin, dem ein für den Menschen penetrant riechendes Sekret der Analdrüsen beigemischt ist. Kater wollen damit männliche Rivalen abhalten und die Damenwelt anlocken. Dieser „Duft" hält sich im

„Frühlingsgefühle" bringen oft mehr Frust als Lust.

Freien mindestens zwei Wochen, in der Wohnung können Sie ihn kaum völlig beseitigen. Auch die rollige Kätzin, deren Liebesrufe nicht erhört werden, hinterläßt derartige „Liebesbriefe".

KASTRATION

Eine Kastration macht weder aus einer Katze noch aus einem Kater ein geschlechtsloses Wesen. Sie brauchen auch nicht zu befürchten, daß Sie dem Tier irgendwelche Freuden nehmen, sondern ersparen ihm im Gegenteil eine Menge körperlichen und seelischen Streß.

Zwar können kastrierte Katzen einen besseren Appetit entwickeln, doch daran ist lediglich der veränderte Stoffwechsel schuld. Speck setzen meist nur die Exemplare an, deren Besitzer glauben, ihren Lieblingen den angeblichen „Frust" durch zusätzliche Leckerbissen erträglicher machen zu müssen. Wissenschaftliche Untersuchungen haben sogar gezeigt, daß sich soziale Beziehungen von Katzen nach einer Kastration festigen und liebevoller werden. Auch ihren Spieltrieb verlieren kastrierte Tiere nicht. Außerdem streunen sie viel weniger herum, weil sie kleinere Reviere brauchen.

Bei der Kastration entfernt der Tierarzt die Keimzellen des Tieres, also die Hoden bzw. die Eierstöcke. Die meisten Tierärzte halten es für sinnvoll, eine Katze erst zu kastrieren, wenn sie bereits ausgewachsen ist. Das ist je nach Rasse und Individuum verschieden. Eine Siam kann bereits mit fünf Monaten, eine Main Coon erst mit zwei Jahren ihre volle Größe entwickelt haben.

Kätzinnen müssen außerhalb der Rolligkeit kastriert werden, da sonst der Östrogenspiegel erhöht und die Blutgerinnung reduziert ist. Die Katzenpille ist keine echte Alternative, da selbst eine kurze Einnahme schon bei jungen Katzen zur Gebärmutterentzündung führen kann. Außerdem er-

Katzen beim Liebesspiel – die eigentliche Vereinigung dauert nur Sekunden. Stacheln an der Penis-Spitze lösen über einen hormongesteuerten Reflex den Eisprung aus.

höht sich das Risiko für Gesäugetumore.

Ein Kater sollte etwa ab dem 8. Lebensmonat kastriert werden, wenn er gerade mit dem Harnspritzen begonnen und seinen Katerkopf entwickelt hat. Warten Sie zu lange, kann es sein, daß er das Markieren beibehält. Wird er zu früh kastriert, kann er hingegen übergroß, fett und faul (eunuchider Riesenwuchs) werden.

Impfstoff gegen Spermien

Um Zuchttiere zeitweise „außer Gefecht" zu setzen, kann man sie gegen Kater-spermien impfen. Wissenschaftler am Institut für Zoo- und Wildtierforschung in Berlin haben einen Impfstoff entwickelt, der das körpereigene Immunsystem veranlaßt, Antikörper gegen die Eihülle zu produzieren. Diese Antikörper setzen sich genau an die Bindestellen in der Eihülle, an denen sonst die Spermien festmachen würden.

Nach etwa einem Jahr fällt der Antikörperspiegel ab, und man muß erneut impfen, wenn man keinen Nachwuchs wünscht. Der Organismus wird mit dieser Methode kaum belastet, es gibt weder Nebenwirkungen noch Spätfolgen.

Schutz für Zuchtkatzen

Wollen Sie mit Ihrer Katze züchten, sollten Sie ein Augenmerk auf ihre Blutgruppe richten. Die meisten Katzen haben Blutgruppe A, vor allem unter den Rassekatzen aber besitzen viele die Blutgruppe B. Die Blutgruppe AB ist sehr selten. Alle Katzen haben Antikörper gegen die anderen Blutgruppen, deshalb kann es bei der Zucht zu Problemen kommen.

REGELMÄSSIGER CHECK-UP

Etwa ab dem siebten Lebensjahr verändert sich allmählich der Stoffwechsel einer Katze, und die Gelenke, Muskeln und Sehnen werden müder. Sie braucht dann andere Nährstoffe, mehr Schlaf und besonders viele Streicheleinheiten. Wenn Sie auf die kleinen Zeichen achten, müssen Sie sich dennoch keine Sorgen machen. Werden Verletzungen oder Erkrankungen allerdings nicht behandelt, summieren sich die Folgen im Laufe der Zeit.

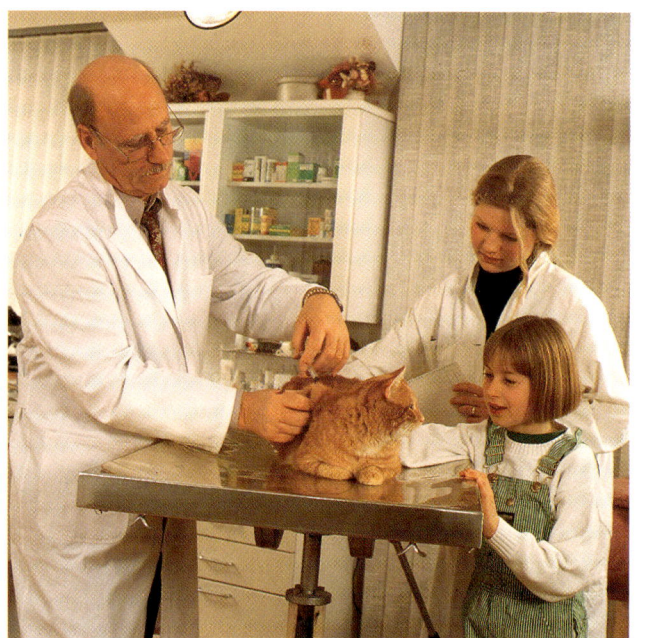

Alle Jahre wieder: Ein gründlicher Check-up beim Tierarzt.

Vor allem die Anti-A-Antikörper führen zu einer Verklumpung (Agglutination) des Blutes bei Tieren mit der Blutgruppe A. Experten vermuten, daß das sogenannte „Fading Kitten Syndrome", die Gelbsucht neugeborener Welpen, durch eine Unverträglichkeit der Blutgruppen der Elterntiere verursacht wird. Deshalb sollten Sie Rassekatzen mit der Blutgruppe B (und damit Anti-A-Antikör-

pern) nur mit B-Katern paaren. Zwei Tropfen Blut reichen für einen Test aus, der Ihnen aber viele Sorgen mit dem Nachwuchs ersparen kann.

Da man Katzen das Älterwerden kaum ansieht, bemerken viele Tierbesitzer die Probleme erst dann, wenn es schon ganz schlimm steht. Katzen leiden still, auch wenn sie große Schmerzen haben. Deshalb sollten Sie neben den vorbeugenden Maßnahmen wie Impfungen oder Entwurmung (siehe Extraseite), die von Tierärzten oder Tierheilpraktikern auch homöopathisch durchgeführt werden können, auch das Verhalten Ihrer Katze im Auge behalten. Veränderungen im Freß- oder Trinkverhalten oder auch der Darmfunktion können wichtige Hinweise auf Erkrankungen

sein und sollten daher nicht unbeachtet bleiben. Diese Aufmerksamkeit ersetzt natürlich nicht alle sechs (bei älteren Tieren) bis zwölf Monate den Check-up durch den Tierarzt.

Katzen-Krebsvorsorge
Da vor allem Tiere, bei denen die Rolligkeit hormonell unterdrückt wurde, und unkastrierte Katzen ab dem fünften Lebensjahr zu Gesäugetumoren neigen, tasten Sie beim Streicheln immer

wieder ganz sanft die Milchdrüsen ab. Achten Sie dabei auf Knötchen und Verhärtungen.
Auch die Haut sollte gelegentlich beim Streicheln ganz nebenbei auf Knoten und Beulen abgecheckt werden. Schauen Sie auch auf Schwellungen rund um Mund- und Nasenhöhle, einseitigen Nasenausfluß und gerötete oder geschwollene Stellen im Maul, und hören Sie auf Atemgeräusche.
Schwierigkeiten bei der Futteraufnahme können auf Zahnschmerzen, aber auch auf Tumore im Mund-, Rachen- oder Nasenraum hinweisen. Auch Abmage-

Gesundheitsvorsorge – wichtig von Kindesbeinen an.

Will sie nicht mehr fressen oder hat starken Mundgeruch, ist wahrscheinlich etwas „faul".

AU BACKE!

Auch bei Zahnschmerzen sind Katzen hart im Nehmen. Statistisch gesehen hat jede zweite erwachsene Katze Probleme mit den Zähnen oder dem Zahnfleisch. Und das schädigt auf Dauer Darm, Herz, Leber und Nieren. Schauen Sie ihr also besser öfter mal ins Maul, und begutachten Sie Zähne und Zahnfleisch.

Entzündete Stellen sind im Gegensatz zum gesunden, rosafarbenen Zahnfleisch dunkelrot gefärbt. Während Zahnstein aufgrund seiner gelb-bräunlichen Färbung nicht zu übersehen ist, kann man Plaques meist nur mit bestimmten Farbstoffen sichtbar machen. Plaques lassen sich noch durch Zähneputzen entfernen, der Zahnstein aber muß vom Arzt unter Narkose entfernt werden.

Besser ist es also, es gar nicht so weit kommen zu lassen, sondern die Zähne dreimal wöchentlich nach der letzten Mahlzeit zu putzen. Am besten gewöhnen Sie gleich die kleine Katze daran, indem Sie spielerisch mit einem Finger die Zahnreihe entlangfahren. Hat sie das akzeptiert, können Sie problemlos mit einem weichen, auskochbaren Baumwolltuch und spezieller Katzen-Zahnpasta, die für Mie-

rung, Appetitmangel, leicht erhöhte Temperatur oder vermehrter Durst können Anzeichen einer Tumorerkrankung sein. Je früher Sie diese Anzeichen beachten, desto größer ist die Chance, daß aus einem Problemchen kein Problem wird.

Gesundheitsprofil

Da das Fell einer Katze auch den Mangel an Mineralien und Spurenelementen und die Belastung durch Umweltgifte anzeigt, kann mit Hilfe einer spektroskopischen Untersuchung ein Profil erstellt werden. Selbst schwer erfaßbare Elemente werden noch in einer Verdünnung von unter eins zu einer Million erfaßt.

Etwa zwei bis drei Teelöffel Haare braucht das Speziallabor (Telefonnummer im Anhang) zur Auswertung. Die Haare sollten möglichst lang sein und von einer wenig beleckten Stelle stammen. Das Labor erstellt dann einen ausführlichen Report mit konkreten Ergänzungs- und Ernährungsempfehlungen für den Tierarzt.

ze auch gar nicht so übel schmeckt, die Zähne reinigen. Alternativ gibt es im Fachhandel auch Katzenzahnbürsten.

BLOSS KEIN FLOHZIRKUS

Neben der regelmäßigen Impfung und Entwurmung gehört zur Gesunderhaltung einer Katze auch die Vorbeugung vor Flöhen. Statt zur chemischen Keule sollten Sie wegen der Nebenwirkungen lieber zu homöopathischen Mitteln greifen. Haben sich trotz aller Vorsicht im Fell Ihrer Katze Flöhe eingenistet, hilft dann allerdings nurmehr Chemie. Sie können aber zusätzlich Homöopathie einsetzen,

Das Fell gibt Hinweise auf den Gesundheitszustand.

damit Ihre Katze die Floh-Therapie besser verkraftet. Aber nicht nur die Flöhe, auch die Flohstadien an der Katze und vor allem auch in der Umgebung müssen bekämpft werden. Nur 5% der Plagegeister sind nämlich ausgewachsene Flöhe. 10% sind Puppen, 35% Larven und 50% Eier. Vor allem der Schlafplatz einer Katze und ihre Hauptwege sind mit Flohkot und Flohstadien geradezu übersät. Also alle Aufenthaltsorte und nicht nur die Katze selbst mit Anti-Floh-Mittel behandeln. Da Flöhe auch Bandwurmstadien übertragen – zum Teil sogar auf Menschen – und bei vielen Katzen eine Allergie auslösen, dürfen Sie sie nicht auf die leichte Schulter nehmen. Der Tierarzt oder Tierheilpraktiker wird Ihnen das richtige Präparat empfehlen.

Unliebsame „Mitbewohner" können ganz schön quälen.

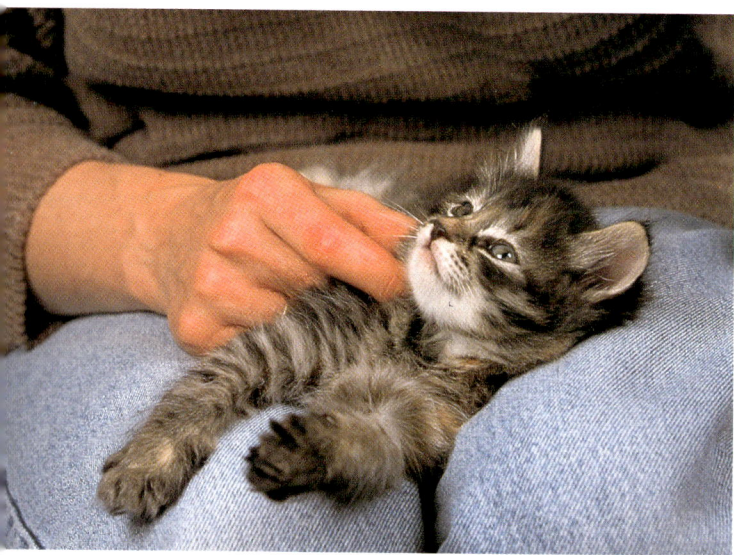

Massage kann auch für Katzen sehr entspannend sein.

TIP: Ein sanfter Geruch von ätherischen Ölen wie Eukalyptus, Lavendel, Zeder, Zitrone oder Teebaum, die man in einer Duftlampe ohne Kerze verduften läßt, wird vom Katzenfell aufgenommen. Flöhe haben dann keine Lust, an solchen „Stinkbolzen" zu saugen.

NEUE LEBENS-GEISTER

Auch für Katzen gibt es Geriatrika, mit denen Sie das Älterwerden etwas hinausschieben können. Diese Medikamente enthalten u. a. Vitamine, Spurenelemente, Enzyme, Hormone, kreislaufaktive Stoffe, die speziell auf ältere Tiere abgestimmt sind. Geriatrika sind zwar nicht direkt ein Jungbrunnen, schützen aber im Alter das Nervengewebe und wecken neue Lebensgeister.

FITNESS AUS DER NATUR

Immer mehr Tierärzte verwenden heute auch naturheilkundliche Verfahren wie Massage und Heilpflanzen und setzen alternative Heilmethoden wie Homöopathie und Akupunktur ein. Viele dieser Methoden eignen sich nicht nur zur Behandlung körperlich und seelisch kranker Katzen, sondern können auch bei körperlich gesunden Tieren in Streßsituationen (Umzug, Tierarztbesuch, Operationen wie Kastration) vorbeugend eingesetzt werden.

Heilkräuter

Das Wissen um die Heilkräfte von Pflanzen entstand lange vor unserer Schulmedizin. Vermutlich entdeckten unsere Urahnen die Grundprinzipien der heilenden Wirkung bestimmter Pflanzen nach dem Prinzip von Versuch und Irrtum und weil sie Tiere beobachteten, die sich mit bestimmten Pflanzen selbst „behandelten". Ein Überbleibsel dieses Urinstinkts ist das Grasfressen unserer Katzen, um sich das Auswürgen von Haarballen zu erleichtern.

Auch viele Schulmediziner haben mittlerweile das große Heilpotential von Kräutern und Wurzeln erkannt und nutzen es zur Gesunderhaltung unserer vierbeinigen Hausgenossen. So können Aloe vera, Ginseng und Echinacea bei Immunerkrankungen wie FIV (Feline Infectious Immunodeficiency; Katzenaids) oder FeLV (Leukose) das Immunsystem unterstützen. Je nach Art der Erkrankung können auch Gelbwurz, Knoblauch, grüner Tee oder Ginseng bei der Krebstherapie eingesetzt werden.

Kleiner Kern ganz groß

Mit einem Extrakt aus Grapefruitkernen können Sie erfolgreich gegen Pilze, Bakterien, Viren und Parasiten vorgehen. Sie bekommen das Mittel in Reformhäusern und Apotheken als Pulver und Tinktur.

▶ Hautpilzerkrankungen, infizierte Wunden oder andere äußerliche Erkrankungen: Lösen Sie 30 bis 40 Tropfen Tinktur in einem Liter Wasser auf und sprühen Sie die Lösung auf die erkrankten Stellen In besonders hartnäckigen Fällen können Sie das Mittel unverdünnt einreiben.

▶ Zur Desinfektion des Katzenkörbchens und zum Waschen von Korbeinlagen: Schütten Sie 20 bis 30 Tropfen Tinktur in das Waschwasser oder den letzten Waschmaschinen-Spülgang.

KNETEN – KLOPFEN – STECHEN

Mit Massage kann man nicht nur körperliche Verspannungen lösen, sondern auch Streß abbauen. Tägliche Streicheleinheiten und regelmäßige Fellpflege sind schon Schritte in diese Richtung. Bei Katzen kommt es naturgemäß auf die „Mithilfe" des Patienten an. Läßt ein Stubentiger diese „gezielteste Form des Streichelns" zu, entkrampft er sich meist ziemlich schnell und genießt diese Behandlung. Unter Anleitung eines erfahrenen Tier-Masseurs kann auch der Besitzer die fünf klassischen Grundhandgriffe Streichung, Knetung, Reibung, Klopfung und Erschütterung lernen und selbst an sein Tier „Hand anlegen".

TTouch

Eine weitere, massageähnliche Therapie ist die „Tellington-Touch-Methode" (TTouch). Der Therapeut löst dabei mit kreisförmigen Bewegungen auf verschiedenen Körperregionen wie Ohren oder Zahnfleisch körperliche und psychische Blockaden. Diese Behandlungsmethode kann unter-

SANFTE KREISE

▶ Grundbewegung für den TTouch ist ein im Uhrzeigersinn ausgeführter 1¼ Kreis, mit dem die Haut herumgeschoben wird.

▶ Mit leichtem Druck wird immer nur ein Kreis auf einer Stelle ausgeführt.

▶ Sie können nur einen Finger, aber auch die ganze Hand einsetzen.

▶ Atmen Sie selbst ruhig und gleichmäßig, und sprechen Sie sanft mit Ihrer Katze.

▶ Sanfte Touches an den Ohren kann jeder Anfänger ausprobieren. Sie wirken sich positiv auf den gesamten Organismus aus, da sich am Ohr Akupunkturpunkte für alle Körperregionen befinden.

Ältere Katzen lassen es gerne etwas ruhiger angehen.

Natürliche Heilkraft: Brennessel (links) wirkt entwässernd, Calendula-Tinktur (Ringelblume, rechts) wundreinigend und desinfizierend.

stützend nach Verletzungen, aber auch als Therapie bei Angstzuständen, Aggression oder anderen Verhaltensproblemen eingesetzt werden. Besonders scheue und verängstigte Tiere werden zunächst mit langen, feinen Stäben aus der Ferne über Beine, Bauch und Rücken gestreichelt. Meist aber können mit Hilfe des TTouch schon in wenigen „Sitzungen" aus kleinen Wildkatzen sanfte Schmusekatzen werden.

Akupunktur

Während sich unsere Schulmedizin auf meßbare Werte und die exakte Beschreibung des Ist-Zustands stützt, entsteht eine Krankheit nach Ansicht der traditionellen chinesischen Medizin, wenn die sich ständig im Fluß befindlichen Energieströme des Körpers aus dem Gleichgewicht geraten. Diese Ströme aber lassen sich beeinflussen. Bei der Akupunktur werden dazu an bestimmten sensiblen Punkten Metallnadeln unter sanften Drehbewegungen in die Haut gestochen.
Bei Katzen hat sich vor allem die Laserakupunktur bewährt, da die Reizung der Punkte mit Hilfe von energiereichen Lichtimpulsen von den Tieren als weniger unangenehm empfunden wird.

FIT DURCH HOMÖO-PATHIE

Auch der in der Homöopathie verwendete Grundsatz, „Ähnliches mit Ähnlichem" zu kurieren, war Heilern schon sehr früh bekannt. Doch erst Dr. Samuel Hahnemann entwickelte diese Methode Ende des 18. Jahrhunderts weiter.
Nach diesem Prinzip greift der Homöopath bei Übelkeit nicht zu einem Medikament gegen Übelkeit, sondern zu einem Mittel, das bei gesunden Tieren Übelkeit hervorruft. Noch heute werden die von Pflanzen, Tieren, Mineralien etc. stammenden Substanzen genau

nach den Anweisungen des deutschen Arztes verdünnt und mit Alkohol „verschüttelt" oder mit Milchzucker „verrieben".

Potenzierung

Art und Grad der Aufbereitung werden in der Homöopathie mit Buchstaben und Zahlen abgekürzt. D ist die Abkürzung von „Dezimalreihe" und steht für Verdünnungsschritte der Urtinktur (das ist der Ausgangsstoff) mit dem Lösungsmittel im Verhältnis 1:10. C bedeutet „Centesimalreihe", gemeint sind Verdünnungsschritte im Verhältnis 1:100. Die Zahl neben dem Buchstaben entspricht der Anzahl der einzelnen Aufbereitungsschritte. D6 bedeutet z. B. daß die Urtinktur sechsmal 1:10 verdünnt wurde. Die Verdünnung einer D6-Potenz beträgt also 1:1.000.000. Wichtig ist, daß die Mischung bei jedem einzelnen Verdünnungsschritt geschüttelt wird. Dadurch geht die heilende Kraft der Urtinktur auf das Lösungsmittel über. Es gibt homöopathische Mittel, in denen kein Molekül der Ursubstanz mehr nachzuweisen ist. Dennoch enthalten sie Informationen für den Körper, genau wie bei einer Computerdiskette im Labor lediglich die Bestandteile, aus denen sie

hergestellt wurde (also Plastik und Metall) nachgewiesen werden können, aber nicht die Daten, die darauf gespeichert sind. Je kleiner die Wirkstoffmenge ist, desto größer ist im Normalfall der heilende Effekt. Bei korrekter Anwendung verstärken sich oft zuerst die Symptome, stimmt das Mittel jedoch nicht, können Nebenwirkungen auftreten. Einer homöopathischen Behandlung sollte daher ein gründliches Vorgespräch mit dem Tierarzt oder Tierheilpraktiker vorausgehen, in dem dieser alle Einzelheiten über das Tier, sein Wesen und sein Verhalten erfragt und die richtige Dosierung bestimmt.

TIP: Ätherische Öle machen homöopathische Medikamente unwirksam. Daher darf man sie nicht gleichzeitig anwenden. Eine Ausnahme bildet das Teebaumöl.
Außerdem sollten Homöopathika nicht in Zusammenhang mit Metall (Schüsselchen, Löffel etc.) gegeben werden, da auch dies die Wirksamkeit beeinträchtigt.

Floh-Allergie

Auch eine Allergie gegen Flohspeichel können Sie mit homöopathischen Mitteln behandeln. Wirksam sind Ledum, Staphisagria, Apis oder Cardiospermum (vgl.

Katzenminze läßt manche Katze in Ekstase geraten.

Kasten). Natürlich müssen Sie gleichzeitig rasch der Ursache auf den Grund gehen – und das heißt, den Floh beseitigen. Doch Vorsicht: Antiflohmittel können auch weitere Allergien auslösen.

TIP: Bei besonders hartnäckigen Allergien gegen Flohspeichel kann der Tierarzt einen potenzierten Schluckimpfstoff herstellen. Damit wird die Katze langsam gegen das Allergen desensibilisiert.

Naturheilmittel können gegen Streß vorbeugen.

HOMÖOPATHIKA FÜR KATZEN

► Ignatia (Ignatiusbohne) hat sich gut als „Kummermittel" bei Katzen bewährt, die aufgrund eines dauerhaften seelischen Kummers unsauber geworden sind.

► Acidum phosphorum (Phosphorsäure) kann bei akutem Kummer erfolgreich sein, z. B. weil ein Tier aus Trennungsschmerz unsauber wird oder nicht fressen will. Eignet sich auch für Kätzinnen, die sich nicht um ihre Jungen kümmern.

► Belladonna (Tollkirsche) beruhigt Katzenmütter, die aggressiv gegenüber ihren Kleinen sind.

► Graphites (Reißblei), Calcium carbonicum (Muschelkalk) oder Barium carbonicum (Barium) kann Katzen, die unter ständiger, nicht organisch bedingter Müdigkeit und Antriebslosigkeit leiden, neue Energie verschaffen.

► Stramonium (Stechapfel) eignet sich für aggressive Katzen, die vertraute oder fremde Tiere und Menschen angreifen.

► Hyoscyamus (Bilsenkraut) ist etwas für aggressive Katzen, die den Drang haben, sich selbst zu verletzen.

► Calcium fluoricum (Flußspat) kann überaktive, hektische Katzen zu ruhigeren Hausgenossen machen.

► Arnika (Bergwohlverleih) hilft Tieren, die nach einem Trauma unter einer psychischen Störung leiden.

► Aconitum (Eisenhut) kann Katzen nach einem Schreck wieder ins Gleichgewicht bringen.

► Ledum (Sumpfporst) hilft gegen Juckreiz, wenn Flohstichstellen eher bläulich aussehen und schmerzhaft sind.

► Staphisagria (Stephanskraut) hilft bei verhärteten Bißwunden, die nicht abheilen.

► Apis (Honigbiene) schafft Linderung bei geschwollenen und geröteten Hautbezirken.

► Cardiospermum hat eine stark juckreizstillende Wirkung. Dieses „homöopathische Kortison" kann als Urtinktur direkt aufgetragen werden.

HEILENDE BLÜTEN

Während nach Hahnemanns Homöopathie die jeweilige Krankheit und ihre Symptome den Ausschlag für die Therapie geben, orientierte sich der englische Arzt Dr. Edward Bach vor rund 60 Jahren an der seelischen Störung, die der Körper mit einer Krankheit zum Ausdruck bringt.

Er entdeckte, daß wäßrige Auszüge aus wildwachsenden Pflanzen den Seelenzustand seiner Patienten erheblich verbesserten. Mittlerweile werden seine Bachblüten auch erfolgreich bei Tieren angewendet, meist in Ergänzung zu anderen Heilmethoden. Bachblüten regen nicht nur bei kranken Katzen die Selbstheilungskräfte an und helfen bei psychischen Störungen, sie können bei körperlich gesunden Katzen ebenfalls vorbeugend in Streßsituationen eingesetzt werden. Auch hier sollte der Behandlung ein gründliches Vorgespräch mit dem Tierheilpraktiker oder Tierarzt vorausgehen. Die Verhaltensstörungen können nämlich verschiedene Ursachen haben. So kann eine Katze z. B. aus Trotz,

Wohlfühldüfte sind auch bei vielen Katzen beliebt.

aber auch aus großer Angst unsauber werden. Außerdem können sich Symptome zu Beginn der Behandlung sogar noch verstärken.

Rescue-Tropfen

Die Mischung aus den fünf Bachblüten Kirschpflaume, Weißer Waldrebe, Springkraut, Gelbem Sonnenröschen und Doldigem Milchstern ist als Rescue- oder Notfalltropfen bekannt. Sie sollten in keinem Katzenhaushalt fehlen.

Geeignet ist diese Notfallmedizin in Situationen, die für Katzen mit großer Aufregung, Streß, Angst oder Schmerzen verbunden sind, so z. B. zur Vorbeugung gegen Reisekrankheit, bei Insektenstichen, vor Ausstellungen, vor dem Tierarztbesuch oder nach Raufereien.

Seelenzustände

Jeder einzelnen Bachblüte ist eine bestimmte seelische Verfassung zugeordnet, die mit Hilfe dieser Bachblüte positiv beeinflußt werden kann. Die folgende Liste ist nicht vollständig, soll aber zeigen, daß in den verschiedensten Situationen gezielt Bachblüten eingesetzt werden können.

▶ **Aspen (Zitterpappel):** Für schreckhafte Katzen, die grundsätzlich Angst vor allem und jedem haben, deren Angst aber keine ersichtliche Ursache hat.

▶ **Beech (Rotbuche):** Für übertrieben selbstbewußte Katzen, die Artgenossen

Auch bei Katzen vertrauen Mediziner zunehmend auf die sanften, aber wirkungsvollen Heilkräfte der Natur.

und auch Menschen gegenüber unduldsam und streitbar sind.

▶ **Cherry Plum (Kirschpflaume):** Für Katzen, die ständig unter Druck zu stehen scheinen und dann plötzlich „durchdrehen".

▶ **Chestnut Bud (Roßkastanie):** Für unkonzentriert wirkende Tiere, die durch ihre „Fahrigkeit" ständig die gleichen Fehler machen, Unfälle haben oder an periodisch wiederkehrenden Erkrankungen leiden.

▶ **Crab Apple (Holzapfel):** Für Katzen, die einen „Putzfimmel" haben und sich scheinbar grundlos kratzen.

▶ **Gentian (Herbstenzian):** Für mißtrauische Katzen, die neuen Situationen sehr skeptisch gegenüberstehen.

▶ **Holly (Stechpalme):** Für angriffslustige Katzen, die gegenüber einem bestimmten Tier oder Menschen gezielt wütend oder aggressiv werden.

▶ **Honeysuckle (Geißblatt):** Für Katzen, die bereits durch die kleinsten Veränderungen aus dem Gleichgewicht gebracht werden und nicht mit neuen Situationen umgehen können. Honeysuckle hilft, Heimweh zu überwinden.

▶ **Hornbeam (Weiß- oder Hainbuche):** Für antriebsschwache Tiere, die lustlos und unmotiviert wirken und schnell erschöpft sind. Hornbeam eignet sich gut zur Nachbehandlung von Krankheiten.

▶ **Impatiens (Springkraut):** Für ungeduldige und gereizt wirkende Katzen, die vor Ungeduld aggressiv werden, oft sehr schlank und flink.

▶ **Olive (Olive):** Für erschöpfte, überanstrengte Katzen, die unmotiviert erscheinen. Diesen Zustand findet man oft bei alten Katzen vor oder nach einer Krankheit.

▶ **Pine (Schottische Kiefer):** Für ängstliche, schüchterne, sensible Katzen, die sich schnell unterordnen und sich übertrieben ergeben verhalten. Diese Tiere haben eine ängstlich ge-

Gelbes Sonnenröschen hilft bei innerer Panik.

duckte oder sogar unterwürfige Körperhaltung.

▶ **Wild Rose (Heckenrose):** Für apathisch wirkende Katzen, die ohne Lebenswillen scheinen. Sie fressen und putzen sich nicht mehr.

Dosierung

Normalerweise erhalten erwachsene Katzen viermal täglich je vier, Jungtiere viermal am Tag zwei bis drei Tropfen. Im Einzelfall kann aber eine häufigere Eingabe nötig sein. Manche Katzen brauchen nur einige Tage behandelt zu werden, andere wiederum mehrere Wochen. Die Tropfen werden mit der Pipette oder einem kleinen Plastiklöffel direkt ins Maul gegeben.

BIOLOGISCHE UHR

Nach Auffassung der chinesischen Medizin arbeitet jedes Hauptorgan täglich zwei Stunden auf Hochtouren. Danach schaltet der Körper die Energie auf ein anderes Organ um. Während dieser Zeit reagiert das jeweilige Organ auch am besten auf Medikamente oder andere therapeutische Maßnahmen. Fühlt sich ein Tier immer zur gleichen Zeit unwohl, kann man mit Hilfe der sogenannten Maximalzeituhr auch auf das kranke Organ schließen.

HAUPTAKTIVITÄTSZEITEN DER ORGANE

Milz, Bauchspeicheldrüse	9 – 11 Uhr
Herz	11 – 13 Uhr
Dünndarm	13 – 15 Uhr
Blase	15 – 17 Uhr
Niere	17 – 19 Uhr
Kreislauf	19 – 21 Uhr
Hormonhaushalt	21 – 23 Uhr
Gallenblase	23 – 1 Uhr
Leber	1 – 3 Uhr
Lunge	3 – 5 Uhr
Dickdarm	5 – 7 Uhr
Magen	7 – 9 Uhr

Erst toben, dann schmusen

Fit mit Fun

Spielen ist für Katzen mehr als ein Freizeitvergnügen. Es baut Spannungen ab und hält sie körperlich und seelisch fit.

Künftige Jäger müssen viele Dinge „begreifen".

ELEMENTARE BEDÜRFNISSE

Vor allem Einzelkatzen, die nicht nach draußen dürfen, brauchen für ihr

Von Tag zu Tag erkunden Katzenkinder mutiger ihre Umwelt.

Wohlbefinden regelmäßige Tobestunden. Da das Bedürfnis zu jagen für Katzen elementar ist, macht sich die aufgestaute Energie sonst irgendwann auf Umwegen Luft. Nicht selten wählt eine frustrierte Katze in einem überraschenden Angriff Hände und Beine ihrer Menschen als „Beuteersatz". Da sich Katzen durch ihren lebenslangen Spieltrieb von den meisten anderen Tierarten unterscheiden, ist es

Auch bei der Wahl des Spielzeugs sind Katzen Individualisten.

zum Glück gar nicht so schwierig, sie auf Trab zu bringen. Hat sich Ihre Katze so richtig ausgetobt, können Sie noch eine Runde „Schmusen" hinten dranhängen. Denn auch Streicheleinheiten gehören unbedingt zum Fitneßplan für Katzen.

SPIELRAUSCH

Katzen sind zwar in Sachen Spiel voller Einfälle, doch was der einen gefällt, muß die andere noch lange nicht auf Hochtouren bringen. Als Katze zeigt man eben überall Charakter. Während manche ganz scharf auf Spielmäuse aus Fell sind, erlegen andere lieber Gummitiere. Einige entwickeln dabei ein richtiges Apportierritual und liefern den Jagderfolg stolz bei ihrem Besitzer ab. Katzen können sich zwar gut mit sich selbst beschäftigen, doch das schönste Spielzeug ist immer jenes, „an dessen anderem Ende ein Mensch agiert", meint Experte Paul Leyhausen. Deshalb akzeptieren viele Stubentiger Mäuseattrappen erst dann, wenn sie an einer Schnur baumeln und der Mensch sich als Animateur betätigt.

Spielt ein Kätzchen mit unbelebten Dingen, wiederholt es ständig bestimmte Bewegungsabläufe.

davon verschluckt werden. Ein dankbarer Ersatz für alles, was fliegt, sind Federn oder Bälle aus Schaumstoff, die Sie an Decke oder Kratzbaum hängen. Auch ein alter, mit Stoffresten gefüllter Strumpf, der mit Federn gespickt wird, gibt ein herrliches Spielzeug ab. Fast alle Katzen sind begeistert von Papiertüten (kein Plastik!), weil sie sich darin verstecken können und es so herrlich raschelt.

für körperlich und seelisch gesunde Tiere. Solange ein Spiel dem Alter und dem Gesundheitszustand der Katze angemessen ist, können Sie Ihrer Phantasie freien Lauf lassen.

SPIELEN IST LERNEN FÜRS KATZENLEBEN

Bereits im Alter von drei Wochen „pratzelt" ein kleines Kätzchen nach allem, was sich in seiner Nähe be-

Spielzeug ohne Grenzen

Wundern Sie sich nicht, wenn Ihre Katze von einem Tag auf den anderen ihr Lieblingsspielzeug links liegen läßt. Als liebender Katzenhalter haben Sie statt dessen vorgesorgt und irgendwo einen Ersatz versteckt. Es muß nicht immer teures Spielzeug sein, was Katzen in Bewegung bringt. Auch hinter einem Ball aus raschelndem Seidenpapier, einem Korken, einer leeren Garnrolle oder einer Walnuß kann man prächtig herhetzen. Besonders spannend wird es, wenn Sie irgendwo eine Papprolle als künstliches Mauseloch installieren.
Aufpassen müssen Sie bei Wollknäueln, denn im Spielrausch kann leicht etwas

Spielen mit Spaß hält Katzen topfit und gesund.

Haben Sie ein besonders jagdfreudiges Tier zu Hause, können Sie auch eine Verfolgungsjagd in wechselnder Reihenfolge organisieren. Mal die Katze als „Beute" und Sie als Jäger, mal umgekehrt. Natürlich eignet sich dieses Fitneßtraining nur

wegt und lernt so ganz nebenbei seine Umwelt kennen. Wenige Wochen später toben Katzenwelpen bis zu sechs Stunden täglich herum, trainieren ihre Muskeln und üben Bewegungsabläufe ein, die sie später für die Jagd und die Auseinander-

Ob klein oder groß – alle Katzen lieben Spielzeug, an dessen Ende ein Mensch mit abwechslungsreichen Einfällen agiert.

setzung mit Rivalen brauchen. Außerdem lernen sie ihre eigenen Schwächen und Grenzen kennen. Spielt ein Kätzchen mit Gegenständen, wiederholt es immer wieder bestimmte Bewegungen. Spielt es jedoch mit einem Artgenossen, macht es die Bewegungselemente indes nicht vollständig und übertreibt sie. Verhaltensforscher Desmond Morris vermutet, daß Katzenkinder durch ihre Übertreibung jedem klarmachen, daß es sich nicht um einen „Ernstfall" handelt. Die ältere Verwandtschaft muß sich also keine Sorgen machen.

Bei der Wahl des Lieblingsspielzeugs richten sich Katzenkinder übrigens weder nach Form, Farbe, Geruch oder Material eines Spielzeugs, das Augenmerk gilt einzig und allein dem Platz, an dem es das erste Mal entdeckt wurde. Haben sie etwa Stunden damit zugebracht, einen Ball unter dem Schrank hervorzuhanteln, belagern sie oft den Fangort in der Hoffnung auf einen neuen Jagderfolg noch tagelang.

„Raubtierdressur"

Manche Katzen haben auch Spaß daran, kleine Kunststückchen zu lernen. Wenn Sie früh genug damit beginnen, können Sie Ihrer Katze beibringen, Pfötchen zu geben oder durch einen Reifen zu springen. Natürlich müssen Sie zirkusreife Auftritte auch belohnen – mit Streicheln oder ab und an auch mal mit einem Leckerbissen. Die beste Zeit zu spielen ist der frühe Abend. Denn auch wenn Katzen bereits im Morgengrauen ihren Tag beginnen, sind sie erst abends so richtig in Spiellaune. Legen Sie aber die Spielrunden nicht ausgerechnet nach dem Abendessen ein.

FREILAUF IN RATEN

Katzen sind zwar keine kleinen Hunde, dennoch kann man sie auch an die Leine gewöhnen. Von klein auf damit vertraut, ist derlei „Freigang" eine prächtige Abwechslung im Wohnungskatzenalltag. Da Katzen Gewohnheitstiere sind, sollten

Federn oder Bälle sind ein beliebter Beuteersatz.

Sie feste Zeiten für den Spaziergang einhalten, am besten früh morgens oder abends. Für die runden Katzenköpfe ist ein Geschirr sicherer als ein Halsband. Die ersten Gehversuche an der Leine machen Sie am besten im Hausflur oder auf dem Balkon. Nach geglückter Generalprobe können Sie einen kurzen Ausflug in die (ruhige) Umgebung machen. Natürlich brauchen Sie bei den gemeinsamen Ausflügen etwas Geduld, denn die meisten Katzen halten nichts vom gemeinsamen Jogging, sondern wollen in Ruhe die Gegend erkunden.

BALSAM FÜR DIE SEELE

So wichtig ein Artgenosse auch sein mag, die menschliche Zuneigung kann er nicht ersetzen. Denn neben Spielen ist Schmusen eine Lieblingsbeschäftigung von Stubentigern. Aber auch wir Zweibeiner profitieren von den Liebkosungen, die wir unserer Katze angedeihen lassen. Unsere Atmung entkrampft, Blutdruck und Herzfrequenz sinken, Körper und Seele regenerieren auf ganz natürliche Weise. Trotz der wohltuenden Wirkung wollen die meisten Katzen selbst bestimmen, wann sie geknuddelt werden. Warten Sie also lieber auf ein Zeichen wie einen sanften Nasenstüber. Sonst kann es nämlich leicht passieren, daß Sie statt den Samtpfötchen die Krallen Ihrer Katze zu spüren bekommen.

Nicht nur Schmusekatzen

Das Bedürfnis nach Zärtlichkeit ist von Katze zu Katze verschieden. Während die einen kaum eine Gelegenheit auslassen, sich eine Streicheleinheit abzuholen, wollen andere nur hin und wieder zärtlich sein. Wie liebesbedürftig eine Katze ist, hängt nicht nur von der Rasse, sondern auch von der Umgebung und den Umständen ab, in der ein Kätzchen groß geworden ist. Mit dem richtigen Know how, viel Geduld und noch mehr Liebe können Sie aber auch aus einem scheuen Katzenwesen, das einen schlechten Start ins Leben hatte, einen glücklichen Schmusekater machen.

„Such mich!" – Katzen mögen Versteckspiele.

LITERATUR

Becvar, Dr. Wolfgang: Natur-
heilkunde für Katzen. Kosmos
1996.
Behrend, Katrin: Die Woh-
nungskatze. Gräfe und Unzer
1994.
Bohnenkamp, Gisela: Was
Katzen wirklich brauchen.
Kosmos 1997.
Bulla, Dr. Gisela: Meine Katze.
Naturbuch 1993.
Eilert-Overbeck, Brigitte:
Das neue Katzenbuch. Falken
1990.
Faustmann, Ingo: Katzen-
sprache verstehen. Kosmos
1999.
Grimm, Hannelore: Glückliche
Wohnungskatzen. Kosmos
1997.
Grimm, Hannelore: Ein Kätz-
chen kommt ins Haus. Kosmos
1996.
Kilcommons, Brian und **Sarah
Wilson:** Das Beste für meine
Katze. Kosmos 1997.
Kraa, Gisela: Bachblüten für
Katzen. Kosmos 1996.
Johnson, Pam: Katzen auf der
Couch. Kosmos 1998.
Johnson, Pam: Katzenpsycho-
logie. Kosmos 1999.
Lauer, Isabella: Meine Katze.
Kosmos 1998.
Leyhausen, Prof. Dr. Paul:
Katzen - eine Verhaltens-
kunde. Paul Parey 1982.
Leyhausen, Prof. Dr. Paul:
Katzenseele. Kosmos 1996.
Möller, Dr. Claudia: Katzen
auf natürliche Weise heilen.
Falken 1998.
Morris, Desmond: Cat-
watching. Heyne 1995.
Schär, Rosemarie: Die Haus-
katze. Ulmer 1994.

Schmitt-Hauser, Gerd: Katzen.
Kosmos 1991.
Theilig, Harald: Mit Katzen
spielen und lernen. Kosmos
1998.
Turner, Dr. Dennis C.: Das sind
Katzen. Albert Müller Verlag
Rüschlikon 1989.
„Was Sie schon immer über
Katzen wissen wollten." Ein
Herz für Tiere-Special 1988.
„Was Sie noch über Katzen
wissen wollten." Ein Herz für
Tiere-Special.

ADRESSEN

Deutscher Edelkatzen-Züch-
ter-Verband (1.DEKZV)
Berliner Straße 13
35614 Asslar
Tel. 06441/8479

Deutscher Tierschutzbund
Baumschulallee 15
53115 Bonn
Tel. 0228/649610

Institut für Bach-Blüten-
therapie
Mechthild Scheffer
Lippmannstr. 57
22769 Hamburg
Tel. 040/43257710

Micro Trace Minerals
Spezial-Labor für Haar-
analysen
Tel. 09151/4332

TTEAM
Bibi Degn
Hassel 4
57589 Pracht
Tel. 02682/1428
(Informationen zum
TTouch)

Zentralverband der Ärzte
für Naturheilverfahren
Alfredstr. 21
72250 Freudenstadt
Tel. 07441/2151

SCHWEIZ
FFH (Helvetischer Katzen-
bund)
Denise Kölz
Solothurner Straße 83
CH-4053 Basel
Tel. 0041/61/3617064

Schweizerische Gesellschaft
für den Tierschutz „PRO TIER"
Alfred Escher Straße 76
CH-8002 Zürich
Tel. 0041/1/2012503

Institut für Bach-Blüten-
therapie
Mechthild Scheffer AG
Mainaustr.15
CH-8043 Zürich 8
Tel. 0041/1/3823311

ÖSTERREICH
Österreichischer Verband für
Zucht und Haltung von Edel-
katzen (ÖVEK)
Liechtensteinstraße 126
A-1090 Wien
Tel. 0043/1/ 3196423

Klub der Katzenfreunde
Österreichs (KKÖ)
Castellezgasse 8
A-1020 Wien
Tel. 0043/1/2147860

Institut für Bach-Blüten-
therapie
Mechthild Scheffer AG
Seidengasse 32/1
A-1070 Wien
Tel. 0041/1/52656510

REGISTER

BILDNACHWEIS

Monika Binder (3: 5o, 8u, 12u), Heike Erdmann (1: 2o), Juniors Bildarchiv (8: Bohle: 27; Bothenhart: 42; Groth: 53r; Liebold: 19u; Lindner: 4; Wegner: 31,46), Regina Kuhn (20: Innenklappe alle, 3,9o, 10rl, 15, 17, 21u, 22, 28, 33, 54u, 57), Kerstin und Werner Layer (2: 8o, 24u), Lothar Lenz (10: 7, 12o, 14, 25, 20o, 41, 45ou, 50, 55o), Reinhard Tierfoto (17: 1r, 18, 19o, 20, 21o, 23, 24o, 30, 36, 38, 44, 48rl, 52, 53l, 54o, 59), Ralf Roppelt / Sahara Werbeagentur (2: 1m, 51), Ulrike Schanz (12: Außenklappe, 1l, 9u, 11, 29u, 32, 37, 40, 43, 49, 56, 58u), Annerose Schatter / Kosmos (2: 55u, 57o), Marianne Sock (9: 2u, 6,16,34, 35omu, 39, 58o), Undine Brixner / Ulixes (2: Außenklappe Portrait, 47)

IMPRESSUM

Umschlagentwurf von Atelier Reichert, Stuttgart, unter Verwendung von 4 Farbaufnahmen von Ulrike Schanz (U1 groß), Ralf Roppelt / Sahara Werbeagentur (U1 klein), Monika Binder (U4l) und Marianne Sock (U4r).

Mit 92 Farbfotos.

Die Deutsche Bibliothek – CIP-Einheitsaufnahme

Gesundheit und Fitneß für Katzen / Saskia Brixner. – Stuttgart : Kosmos 1999
  ISBN 3-440-07765-9

© 1999, Franckh-Kosmos Verlags-GmbH & Co., Stuttgart
Alle Rechte vorbehalten
ISBN 3-440-07765-9
Lektorat: Claudia Sträb
Grundlayout: Atelier Reichert, Stuttgart
Gestaltung: Gisela Dürr, München
Satz: Atelier Krohmer, Dettingen/Erms
Printed in Germany / Imprimé en Allemagne
Druck und Buchbinder: Westermann Druck Zwickau GmbH, Zwickau

GESUNDHEITSVORSORGE

ENTWURMEN

Immer vor Impfungen und bei nachgewiesenem Befall, sonst:
Freilaufkatzen: alle 3–4 Monate
Wohnungskatzen: 1x jährlich, bzw. nach Kontakt mit anderen Katzen

PARASITEN

Freilaufkatzen: regelmäßig kontrollieren, evtl. Vorbeugung gegen Zecken und Flöhe
Wohnungskatzen: Behandlung bei Befall

IMPFPLAN

	Grundimmunisierung	Auffrischimpfung
Katzenseuche	8.–14. Lebenswoche	1–2x jährlich
Katzenschnupfen	8.–14. Lebenswoche	1x jährlich
Tollwut	12.–14. Lebenswoche	1x jährlich
Leukose	9.–13. Woche bis 6. Monat (2 Injektionen im Abstand von 3–4 Wochen)	1x jährlich
FIP	4.– 5. Monat (2 Injektionen im Abstand von 3–4 Wochen)	1x jährlich

WOHLFÜHLPROGRAMM FÜR ZUHAUSE

Täglich: frisches Wasser geben und füttern (kleine Kätzchen 3–6x, erwachsene Katzen 2x täglich), spielen, streicheln und schmusen

KÄMMEN UND BÜRSTEN

Langhaarkatzen
täglich mit breitzinkigem Stahlkamm kämmen
wöchentlich mit feinzinkigem Staubkamm
und Kunststoff- oder Naturhaarbürste bürsten
monatlich vorher mit Spezialpuder einpudern

Kurzhaarkatzen
wöchentlich mit Noppenschwamm bürsten
während des Fellwechsels zwei-, bis dreimal
pro Woche abgestoßene Haare ausbürsten

PFLEGE

Zähne: 3x wöchentlich Zähne putzen, dabei auf Verfärbungen der Zähne und des Zahnfleischs achten
Krallen: regelmäßig Krallenlänge und -zustand kontrollieren und nötigenfalls Krallen kürzen lassen
Nase: auf Ausfluß achten, gesunde Katzen haben eine trockene, saubere Nase

Augen: der Blick soll klar sein, kein vermehrter Tränenfluß, die Nickhaut darf nicht vorgeschoben sein, evtl. „Schlafkörnchen" im Augenwinkel entfernen
Ohren: auf Verletzungen und Parasiten kontrollieren, braune Körnchen deuten auf Milben hin, evtl. äußere Ohrmuschel mit einem weichen Tuch säubern

TIERPASS FÜR UNSERE KATZE

Name: _____ Geschlecht: _____

Rasse: _____ Tätowierung: _____

Farbe: _____ bes. Merkmale: _____

geboren am: _____ übernommen am: _____

Tierarzt: _____

_____

Impfungen: _____

_____

Entwurmungen: _____

_____

bisherige Erkrankungen: _____

DIESE FRAGEN KÖNNTE IHNEN DER TIERARZT STELLEN:

▶ Frißt und trinkt die Katze normal? Was und wieviel?

▶ Ist die Verdauung normal?

▶ Spielt und putzt sie sich regelmäßig?

▶ Verläuft der Haarwechsel problemlos?

▶ Ist Ihre Katze eine reine Wohnungskatze oder hat sie Freilauf?

▶ Leben noch andere Katzen in Ihrem Haushalt?

▶ Wann wurde die Katze zuletzt entwurmt und geimpft?

▶ Haben Sie irgendwelche Symptome beobachtet? Welche?

▶ Zeigt die Katze diese Symptome zum erstenmal oder wurde sie deshalb schon einmal behandelt?

▶ Vergessen Sie den Impfpaß nicht und nehmen Sie möglichst auch eine Kot- und Urinprobe zum Tierarzt mit.